*Só o amor
   pode vencer*

Só o amor pode vencer

Pelo espírito
MAURÍCIO

Psicografia de
ELIANE MACARINI

LÚMEN
EDITORIAL

Só o amor pode vencer
pelo espírito Maurício
psicografia de Eliane Macarini
Copyright © 2013 by
Lúmen Editorial Ltda.

1ª edição – abril de 2013

Direção editorial: *Celso Maiellari*
Direção comercial: *Ricardo Carrijo*
Coordenação editorial: *Fernanda Rizzo Sanchez*
Revisão: *Maria Aiko Nishijima*
Projeto gráfico e arte da capa: *Ricardo Brito | Estúdio Design do Livro*
Imagem da capa: *Kangah | iStockphoto*
Impressão e acabamento: *Orgrafic Gráfica*

Dados Internacionais de Catalogação na Publicação (CIP)
(Câmara Brasileira do Livro, SP, Brasil)

Maurício (Espírito).
 Só o amor pode vencer / pelo espírito Maurício ; psicografia de Eliane Macarini. – São Paulo : Lúmen Editorial, 2013.

 ISBN 978-85-7813-127-2

 1. Espiritismo 2. Psicografia 3. Romance espírita
 I. Macarini, Eliane. II. Título.

13-03287   CDD-133.9

Índice para catálogo sistemático:
1. Romance espírita psicografado : Espiritismo 133.9

LÚMEN
EDITORIAL

Rua Javari, 668
São Paulo – SP
CEP 03112-100
Tel./Fax (0xx11) 3207-1353

visite nosso site: www.lumeneditorial.com.br
fale com a Lúmen: atendimento@lumeneditorial.com.br
departamento de vendas: comercial@lumeneditorial.com.br
contato editorial: editorial@lumeneditorial.com.br
siga-nos nas redes sociais:
twitter: @lumeneditorial
facebook.com/lumen.editorial1

2013
**Proibida a reprodução total ou parcial desta obra
sem prévia autorização da editora**

Impresso no Brasil – *Printed in Brazil*

Dedico este livro a todas as crianças de nossa amável Terra e aos meus netos: Ana Cecília, Gabriel e Pedro Henrique.

Peço ao Pai amoroso que os abençoe, fortaleça-os e auxilie-os a fazer escolhas felizes, tendo como objetivo maior o aprendizado cristão, que eleva o conhecimento moral em educação — educação que nos harmoniza com nossa origem, aproxima-nos da humanidade e do estado brilhante, no qual seremos éticos e a caminho da perfeição.

ELIANE MACARINI

Sumário

PREFÁCIO, 9

1. REBECCA, 13

2. RECORDAÇÕES, 20

3. NA SENZALA, 28

4. O MAGO, 43

5. PEREGRINAÇÃO, 59

6. A DOR, 76

7. UM NOVO TEMPO, 81

8. MUDANÇAS, 91

9. DESCOBRINDO A VIDA, 102

10. REDESCOBRINDO O PODER DA VIDA, 117

11. RESGATANDO DÍVIDAS, 129

12. VAMOS À LUTA, 144

13. O DIA SEGUINTE, 160

14. A HISTÓRIA DE MÁLIDA, 175

15. OUTROS CAMINHOS, 185

16. NOVAMENTE O SOL, 200

17. TUDO EM SEU LUGAR, 209

18. ÚLTIMOS ACERTOS, 222

19. QUEM É VOCÊ?, 233

20. A CASA DO SENHOR, 241

Prefácio

Estou novamente entre vocês para lhes contar uma história que faz parte do meu aprendizado no mundo espiritual — fato que vivencio com muita emoção e com a certeza de que preciso trabalhar as informações que recebo da vida com a razão, que nos livra do desconforto de vivenciar desequilíbrios causados por impulsos momentâneos. Esta é a trajetória de seres que venceram grandes desafios, sempre com a finalidade de crescer espiritualmente. Aqui, páginas de alerta contra certos hábitos que destroem e aniquilam a humanidade, principalmente o vício nas substâncias químicas, que estão levando à falência a nossa jovem sociedade. Também esclarecemos fatos que fogem ao nosso entendimento, originando mitos, lendas e milagres, que são criados para explicá-los e, muitas vezes, por causa desse entendimento falho surgem ideias preconceituosas, que, não raro, obstruem o caminho da evolução moral de todos nós.

A atividade espiritual em favor do socorro ao nosso planeta está cada dia mais ativa e repleta de esperanças. Inicia-se uma nova era, a era do conhecimento espiritual, a era da renovação.

Aproxima-se o momento em que irmãos relutantes deverão olhar nos olhos de nosso Pai e sentir toda a benevolência de Seu amor. A humanidade está chegando ao momento em que terá de fazer uma escolha muito séria para sua sobrevivência e seu crescimento moral.

O livre-arbítrio permitiu que fizéssemos nossas escolhas, e, não raras vezes, estas nos levaram à destruição moral e física, com repercussão em nossa sociedade.

Felizmente, herdamos de nosso Pai a inteligência e uma centelha inesgotável de amor. É chegada a grande hora, a hora da purificação, do nosso encontro com um futuro de crescimento e muito amor.

Você, que nos honra com a leitura destas páginas, faça a escolha certa e mostre a outras pessoas como é bom viver em paz, em amorosa caminhada ao lado dos familiares, sempre com os olhos voltados para o doce semblante de Deus e de mãos dadas com o nosso Irmão Maior, Jesus Cristo, que nos honrou com sua presença na Terra e nos presenteou com o Evangelho.

Que Deus ilumine nosso planeta, abençoe nossos rios e mares, orvalhe de luz nossas florestas e poste suas mãos abençoadas sobre a humanidade.

MAURÍCIO

1
Rebecca

O movimento no hospital era incessante; macas conduzidas às pressas para socorro de emergência; médicos sobrecarregados de trabalho, correndo de um lado para o outro, lutando para salvar vidas e minimizar o sofrimento de muitos. Homens e mulheres desesperados, sofrendo e buscando socorro; amigos e parentes aflitos por saber o destino de seus tutelados pelo amor.

Foi nesse ambiente tumultuado que vi meu corpo ser conduzido em uma maca para a sala de emergência de um hospital. A princípio não entendia o que estava acontecendo, visto estar me sentindo muito bem, sem dores e com uma deliciosa sensação de leveza. Admirada, percebi que existia outro corpo que flutuava a certa distância, que estava perfeito e com a mente lúcida. No entanto, impressionei-me, aquele corpo, deitado naquela maca, estava rodeado de médicos que corriam de um lado para outro tentando mantê-lo vivo. Olhei ao redor e vi várias outras pessoas que, como eu, flutuavam acima de toda aquela confusão. Senti simpatia imediata por elas, sabia que eram grandes amigos. Sorrindo, mas com receio do momento, aproximei-me...

~

— Pelo pouco que entendo da vida, devo estar perto do desencarne ou até mesmo já desencarnei, não é? — perguntei a um rapaz que me observava.

— Nem um, nem outro, Rebecca. Apenas tivemos a permissão de ajudá-la neste momento. A propósito, meu nome é Maurício.

— Maurício... Sinto que já o conheço.

— Realmente, temos trabalhado juntos há algum tempo. Logo suas lembranças voltarão e não serão mais tão confusas.

— Lembro-me de algumas coisas, por exemplo, do motivo pelo qual estou aqui recebendo cuidados médicos; de estarmos tentando ajudar espiritualmente, em nossos trabalhos, alguns irmãos relutantes e que tanto mal nos desejam. Contudo, outras coisas continuam confusas — afirmei.

— Não se preocupe, você vai nos acompanhar e terá a chance de resolver tudo isso de maneira simples e caridosa. Venha conosco — pediu Maurício.

— E meu corpo? Não perecerá sem meu espírito?

— Veja o cordão prateado que liga seu corpo ao seu espírito; ele é sutil e bastante elástico, não se romperá se não tiver chegado a hora de partir — explicou Maurício.

— O que farei nesse lugar? — questionei.

— Lá, você terá a chance de conhecer fatos de sua vida presente e também de vidas passadas, que vão lhe ser de grande valia para ajudar o irmão que a persegue há tanto tempo e que tanto sofre. Enquanto isso, seu corpo físico estará sendo tratado e permanecerá em estado de coma aparente — respondeu Maurício.

Acompanhei o grupo de amigos e fui acomodada em pequeno e simpático quarto de hospital, enquanto minha mente se recordava de fatos ocorridos em outras encarnações e muitos recentemente.

Lembrei-me de que caminhava por uma alameda como se fosse meu último passeio. Sentia uma angústia muito grande tomando conta de minha mente. Os pensamentos vinham atropelados, tudo o que eu tinha vivido e deixado de viver até aquele momento passavam como pequenos *flashes* em minha alma. Sentia que estava na hora de mudar alguma coisa, não conseguia mais conviver com toda aquela angústia e insatisfação. Angustiada, pensava que todos nós temos de encarar fantasmas. Acreditava que chegara minha hora, antes de desaparecer deste mundo. Sentia que estava falhando, que não cumprira promessas, adiara compromissos e, muitas vezes, tivera lembranças de coisas que nunca vivi, mas que eram minhas recordações. Entre o que eu sentia como verdade e o que sabia sobre minha própria vida, meus conflitos se multiplicavam.

Deitada naquela cama confortável, rememorei alguns fatos, tentando ser o mais clara e lógica comigo mesma.

～

Meu nome é Rebecca, minha mãe sempre sonhou em ter uma filha com esse nome e acredito que ela própria gostaria de ser chamada assim. É um bonito nome, mas não é importante para mim. Neste momento poderia ter qualquer nome... não me importaria.

Na realidade, não me importo com nada, sinto-me cansada de lutar contra o que eu não entendo, porém sei que preciso fazer algo para continuar a viver. Quero viver, sonhar com dias melhores, sentir-me amada e amar com loucura. A cada dia que passa, sinto o tempo escoando entre os meus dedos e nada do que gosto ou gostaria de fazer eu faço. Estou me lamentando, enquanto continuo a viver a vida que escolheram para mim e sigo as regras que a sociedade sempre impôs ao meu comportamento. Faço isso sem questionar. Consegui ser brilhante na maioria das coisas que realizei, mas sei que não é isso que deveria estar vivendo.

Lembro que durante uma caminhada olhei para o chão e vi a fotografia de uma moça muito bonita em um folheto de propaganda. Algo me fazia acreditar que se eu frequentasse determinado lugar, poderia ter a mesma aparência perfeita daquela modelo. Abaixei-me e segurei o papel entre os dedos. Procurei ler dentro dos olhos daquela figura perfeita e percebi que ela também carregava consigo algumas insatisfações.

Continuei caminhando e me questionei: "Esse é o caminho para um reinício de vida ou não?".

Talvez somente eu tivesse a resposta, mas não conseguia pensar, apenas caminhava.

De repente, senti uma presença muito forte ao meu lado. Foi como um abraço cheio de amor e doçura. Sentei-me na calçada e fiquei ali, apenas vivendo aquele momento de paz.

— Rebecca? O que você faz aí sentada e sozinha?

— Não sei, Heitor, mas sinto que começo a viver neste momento. Não me pergunte a razão, pois não sei, apenas sinto — respondi para Heitor, amigo de criancice, engraçado... e que sempre está presente em minhas lembranças.

— Está frio, venha. Vamos tomar um bom chá, não gosto de ver tanta tristeza em seus olhos.

— Está bem — estendi as mãos e me apoiei nas dele, sentindo a mesma sensação que havia pouco me proporcionara tanta paz!

— Quando alguém nos quer bem de verdade e nos ama sem razão, sentimos essa paz.

— Como sabe o que estou pensando? Virou bruxo?

— Você descobriu meu segredo. Mas vamos entrar antes que congele. Vou preparar uma poção mágica que vai torná-la feliz para sempre.

— Hum! Aceito, mas com a condição de ganhar de presente a fórmula.

~

Heitor sorriu para Rebecca e ela teve certeza de que ele era uma pessoa especial. Não sabia o porquê, mas ele era diferente. Assim, deixou-se conduzir com passividade, pois confiava nele.

Heitor preparou-lhe o chá, que tinha um aroma doce e um gosto diferente de tudo o que ela já experimentara. Relaxada, envolta em um sentimento muito forte de paz, ela sentiu que estava tudo certo.

Aos poucos, um sono tranquilo tomou conta de seu corpo. Heitor a deitou no sofá, recostou-a em almofadas macias e cobriu-a com uma manta perfumada e aconchegante.

Rebecca adormeceu em paz e sonhou.

2
Recordações

Em seu sonho, Rebecca caminhava por longos e frios corredores; parecia estar em uma caverna. Tudo naquele local era recoberto por pedras. A pequenos intervalos, observava orifícios nas paredes, por onde podia observar ambientes suntuosos. Sabia estar caminhando por passagens secretas.

Tentava lembrar por que estava ali; sabia que era por uma razão muito forte, mas estava muito difícil de recordar-se. Sentia dores por todo o corpo; olhava as mãos e via que estavam muito sujas e machucadas. Percebia que, apesar de ainda ser ela, sua aparência estava diferente.

Continuava caminhando... A certa altura, percebeu que estava em um amplo salão retangular. Teve a impressão de que era um tribunal, pois via algumas poltronas de assistência. Na parte oposta à porta de entrada, uma grande mesa em forma de meia lua e sete poltronas. Rebecca sentiu muito frio. O local lhe dava arrepios de medo; o ar estava impregnado por odor fétido e ocre; sentiu a umidade grudar em sua pele como se fosse visgo e ficou ali, escondida, apavorada. Levantou os olhos para o alto e começou uma prece ritmada e constante, que lhe dava forças para continuar. Aos poucos, imagens se formaram em sua mente e antigas lembranças foram resgatadas...

~

Encontrava-se em um lindo jardim, correndo atrás de borboletas coloridas, rindo alto. Estava descalça e sentia-se muito feliz.

— Menina Sophia, volte para dentro de casa. Se o senhor seu pai a vir correndo dessa maneira, descalça, vai brigar comigo, sua ama, que tanto cuida de você e a preza, apesar de a senhorita não me ouvir — falou uma senhora de aparência meiga, tentando alcançar a menina, que corria feliz. Seu nome era Anida.

— Então me pegue, sua resmungona. Ademais, o senhor meu pai encontra-se fora e só saberá do que faço se a senhora lhe contar — respondeu Sophia.

— Oh! Meus santos protetores! Ainda pagarei por sua irresponsabilidade, menina Sophia — retrucou Anida com ar sofredor.

A menina, feliz, sorria pela dramatização de sua amiga.

Anida cuidava de Sophia desde que esta nascera. Sua mãe falecera logo após seu nascimento. O pai, Afonso, desconsolado pela perda da esposa que tanto amava, transferiu todo o seu cuidado para a pequena, que era toda a sua família. Anida dedicou sua vida a tornar sua menina Sophia feliz. Realizava todas as suas vontades e cuidava de sua educação com a supervisão constante do pai. Sophia cresceu saudável, feliz e muito mimada por todos. Apesar disso, era dona de um gênio amável e humilde, caridosa com os escravos e serviçais da casa. Agradável no convívio social, só preocupava por um único aspecto: a irreverência e seu jeito revolucionário. Defendia conceitos religiosos e sociais bastante diferentes e perigosos para sua época; porém, isso não a amedrontava, expunha suas ideias livremente, tanto nas rodas sociais como entre seus serviçais e escravos. Esse comportamento preocupava muito a todos que a amavam.

A companhia constante de Sophia era Reynol. Filho de um cavalariço, o garoto cresceu com ela. Apesar da origem humilde, o jovem possuía uma inteligência arguta e uma vontade muito grande de aprender. Por essa razão, contava com a ajuda da amiga, que lhe emprestava livros e o ensinava tudo o que aprendia. Ambos discutiam sobre assuntos que poucas pessoas da época conseguiam, por faltar cultura.

Em uma das explorações que faziam pelo casarão, em túneis e passagens secretas, eles descobriram uma pedra gasta pelo toque de mãos humanas. Sempre curiosos, viram que, ao empurrá-la, ela se abriu e deu lugar a uma passagem secreta. Atônitos, viram que se tratava de uma biblioteca, com livros muito antigos e proibidos. Ali, encontraram uma vasta literatura sobre magia e feitiço. Curiosos e ávidos pelo saber, passaram a frequentar com assiduidade o local. Liam livros e, aos poucos, descobriram objetos e adornos empoeirados e antigos.

Perceberam o que tinham em mãos, pois eram criaturas dotadas de bons sentimentos e muito amor a tudo o que os rodeava; por esse motivo, sabiam que se todo aquele material caísse em mãos ávidas de poder e desamor seria um desastre. Estudavam com afinco a vida de magos e feiticeiros, bruxas e feiticeiras que contavam suas histórias, muitas vezes trágicas. Descobriram as fórmulas químicas, a alquimia, os mantras sagrados e resolveram fazer experiências. Passaram a exercitar a magia.

Sophia descobriu que tinha visões, e Reynol que poderia falar com os espíritos. Mas, apesar de todos os livros e dos estudos, não sabiam como agir diante de tantos conhecimentos nem como usá-los em benefício da vida das pessoas que ali viviam. Até que um dia...

— Anida, por que chora? — perguntou Sophia à sua ama, visto que, ao entrar na cozinha, encontrou-a triste e chorosa.

— Ah, menina Sophia, você vive no mundo da lua, se prestasse atenção veria que nossos trabalhadores estão morrendo por conta de uma febre e ninguém sabe o que fazer. Tenho dó desses pobres coitados — respondeu Anida.

— O pior de tudo é que esse mal parece não ter fim. Cada vez que um parte, mais dois adoecem — completou Canito, marido de Anida.

— Conte-me mais, Anida. Ou melhor, Canito, chame Reynol para que venha ter comigo aqui mesmo; depois vamos observar os trabalhadores, quero ver de perto esse sofrimento — falou Sophia.

— Não mesmo, senhorita, se o senhor Afonso descobre que a levamos àquele lugar cheio de peste, ele manda nos prender e some com a chave — disse Canito.

— Se não nos levarem daremos um jeito de ir. Se contarem ao meu pai, deixarei de dirigir-lhes a palavra. Então, homem! Quanto mais cedo soubermos o que acontece, mais cedo resolveremos o problema.

— Menina Sophia, como pensa ajudar aqueles pobres coitados? — questionou Anida.

— Espere e verá, sua incrédula — Sophia respondeu sorrindo.

Em poucos minutos, Reynol entrou pela cozinha seguido por Canito. Sophia o segurou pela mão e, puxando-o, disse:

— Venha comigo sem fazer perguntas bobas. E quanto a vocês dois fiquem aqui nos esperando e não nos sigam — ordenou Sophia.

— O que está acontecendo, parece perseguida por mil demônios! — falou Reynol.

— Descobri uma utilidade para todos os estudos e descobertas que fizemos — respondeu Sophia.

— Qual? Contou nossa descoberta a alguém? — questionou Reynol.

— Claro que não, meu amigo. Ainda não enlouqueci. Anida me falou sobre a peste que está matando os trabalhadores. No livro sobre curas e ervas podemos achar algum bálsamo ou poção para aliviar tanta dor. Não concorda comigo? — perguntou Sophia.

— Acredita que temos capacidade para isso?

— Enquanto Anida me contava sobre a tragédia, vi um espírito ao meu lado dizendo ser doutor. Ele me pedia que viéssemos para cá, pois nos ajudaria a preparar uma poção para aliviar o sofrimento de nossos amigos. Disse-me também haver alguns procedimentos de limpeza para que a poção funcione — contou Sophia.

Qual a aparência desse espírito? — perguntou Reynol.

— Era um senhor de aparência alva, inclusive nas vestes, e semblante harmonioso. Não consigo detalhar os traços, mas ele me fez sentir segura e confiante em seus ensinamentos.

— Então vamos aos estudos — concordou Reynol.

Os dois passaram a estudar o livro que falava sobre o poder curativo das ervas e receitas que ensinavam a mistura de várias folhas, raízes, frutos e flores.

— Você também o vê, Reynol? Neste momento, ele está aqui? — perguntou Sophia.

— Sim, há vários dias conversamos sobre tudo o que estudamos até então — respondeu Reynol.

— Amigo ingrato, por que não me contou a novidade? — reclamou Sophia.

— Ainda não era a hora certa para descobrir minha existência, menina — interferiu o espírito. — Porém, a partir de hoje serei companhia constante durante seus estudos. Meu nome é Demétrius. Quando de minha última estada nestas paragens, fui estudioso das curas e, após partir, continuei a pesquisa aqui.

— Então, Demétrius, o que espera para nos mostrar o que temos de preparar para aquelas almas que tanto padecem? — perguntou Sophia bastante ansiosa.

— Se vocês forem espertos, encontrarão várias ervas e raízes que devem baixar a temperatura desses irmãos; mas vocês já sabem se é somente esse o sintoma dos sofrimentos? — perguntou Demétrius.

— Você não poderia nos dizer? Afinal, se é um espírito, pode ir a qualquer lugar — afirmou Reynol.

— Certamente... e o que teriam aprendido com isso? Caso aconteça algo parecido novamente, saberiam o que observar para poder curar? — perguntou Demétrius.

— Tem razão, já entendemos. Devemos ir aos galpões e perguntar quais as queixas dos doentes, não é? — questionou Sophia.

Demétrius sorriu para os dois, enquanto a irrequieta garota puxava, apressadamente, Reynol pela mão. Voltaram à cozinha esbaforidos e ansiosos. Anida e Canito os aguardavam.

— Vamos logo aos alojamentos, queremos observar os doentes — falou Sophia, já saindo pela porta.

Inconformados, os dois os acompanharam, sabendo que seria inútil discutir com a menina, que era decidida e voluntariosa.

3
Na senzala

Rebecca abriu lentamente os olhos. A luz da manhã penetrava, em raios suaves, pelos vidros coloridos da janela. Ficou, ali, deitada olhando os desenhos que se formavam no teto.

Percebeu que toda a angústia que havia muito tempo consumia sua alma estava se dissipando. Sentiu como se houvesse caminhado por lugares familiares e achou que estava perto de descobrir todas as razões de suas incertezas.

— Bom dia, dorminhoca. Dormiu bem?

— Como havia muito tempo! Tive sonhos estranhos, vi-me em lugares mais estranhos ainda, porém tudo era muito familiar.

— Não pense sobre isso agora, venha comer alguma coisa, já preparei a mesa — falou Heitor, estendendo as mãos para Rebecca.

— Engraçado, Heitor. Tenho certeza de que você também estava em meus sonhos, mas o rosto era diferente — respondeu Rebecca, olhando intrigada para os olhos do amigo.

— Lembre-se, ontem você descobriu que sou um bruxo — respondeu sorrindo.

— Não brinque, são os olhos, são muito parecidos com os de Reynol. E realmente é uma história de bruxos ou quase. Ah! Deixe para lá, já está ficando tudo muito confuso em minha cabeça. Vamos ao nosso café da manhã.

Heitor apenas sorriu e a levou para a cozinha, dizendo:

— Vamos logo com isso, senão chegaremos atrasados à faculdade.

— Está bem, não precisa me puxar, no meu sonho quem sempre faz isso era eu, não você — respondeu Rebecca.

— Ora, então você era mandona? Isso quer dizer que as coisas mudaram. É melhor me obedecer — falou Heitor bem-humorado.

Enquanto ambos se alimentavam rapidamente, Rebecca relatou as passagens de seu sonho, as de que ainda se lembrava. Heitor apenas a ouvia, em silêncio, observando atentamente as reações da amiga, mas também sentia uma forte emoção, como se Rebecca falasse sobre algo muito precioso de sua vida. Uma lágrima escorreu por seu rosto e, imediatamente, ele disfarçou e a enxugou.

Apressados, ambos se encaminharam para a faculdade, imersos em seus próprios pensamentos. Quantas surpresas nos aguardam nos diversos caminhos que a vida nos oferece! Temos de ser sábios para fazer as escolhas mais acertadas.

O dia transcorreu normalmente para Heitor e Rebecca. Preocupados com os exames finais do semestre, eles passaram o dia estudando.

Heitor cursava o sexto ano de Medicina, enquanto Rebecca buscava respostas em seu quinto ano do curso de Psicologia.

Amigos desde a infância, inseparáveis, ambos tinham praticamente os mesmos gostos e as mesmas aspirações de vida; apenas Heitor era mais seguro e alegre. Ambos moravam na mesma casa. Rebecca tendia à depressão e, muitas vezes, um forte sentimento de que estava sendo perseguida por algo ou alguém, que não conseguia ver, a dominava, a ponto de torná-la ansiosa e triste. Ambos eram muito sensíveis, pessoas especiais, com faculdades mediúnicas bastante intensas.

Os dois amigos conseguiam se comunicar pelos pensamentos. Muitas vezes, seus pais se assustavam com a situação.

Ainda na infância, Heitor acordou muito assustado e gritando, dizendo que sua amiga estava morrendo e precisava salvá-la.

Apesar dos esforços dos pais para convencê-lo de que tivera um pesadelo, de que tudo estava bem, ele não parava de chorar e gritar. Para acalmar o menino, foram até a casa de Rebecca, que morava em frente à casa deles, e tocaram a campainha. Nem bem a porta foi aberta, Heitor, apavorado, subiu as escadas correndo e entrou no quarto da menina, que estava arroxeada, sufocando-se com uma grave crise asmática. Mais tarde, Rebecca contou que tentava acordar e não conseguia, então pensou com força em seu amigo e começou a pedir socorro.

Durante certo tempo esse tipo de comportamento entre os dois foi considerado brincadeira; porém, o preconceito de outras pessoas e o medo que demonstravam diante das situações inusitadas que presenciavam, aos poucos, foi obrigando-os a serem cautelosos na presença de estranhos. Atualmente, somente quando estavam sozinhos usavam esse método especial de comunicação.

No fim da tarde, voltando para casa, Rebecca comentou:

— Heitor, hoje foi um dia muito estranho para mim, apesar de não ter acontecido nada de diferente, estou me sentindo como se fosse outra pessoa.

— Como assim, Rebecca?

— Não sei lhe explicar, é mais uma sensação do que outra coisa.

— Não se preocupe, na hora certa você saberá do que se trata.

— Heitor, você sabe o que é, não sabe? Por que há vários dias não consigo me comunicar com você pelo pensamento? Tenho a impressão de que existe uma porta barrando minha entrada.

— Não se preocupe, já lhe disse; apenas confie em mim. Também não sei o que está acontecendo, mas confio em Deus, sei que Ele fará sempre o melhor por nós.

— Está bem, vou parar de pensar nisso; além do mais, de barriga vazia, você sabe... eu não penso. Ao chegarmos em casa, vou preparar uma bela macarronada. Quer dividir comigo?

— E você sabe fazer outra coisa por acaso? Se eu não soubesse cozinhar, teríamos de comer macarronada até no café da manhã.

— Ora, seu ingrato, eu faço macarronada porque gosto.

— E porque não quer morrer de fome — brincou Heitor, sorrindo.

Cansados pelo longo dia de estudo e trabalho, Heitor e Rebecca foram dormir mais cedo. Adormeceram rapidamente.

Rebecca se agitou no sono, e sonhou...

— Vamos, vamos logo ver os doentes — Sophia apressou os amigos.

Eles entraram no alojamento de escravos e viram várias pessoas deitadas no chão de terra batida. Todos queimavam em febre, com crises de vômito e diarreia, e gemiam de dor em todo o corpo. Algumas mulheres, já doentes, tentavam cuidar daqueles que não conseguiam ficar em pé. Sophia e Reynol passaram a caminhar entre aquelas criaturas sofridas, perguntando sobre seus males, sempre acompanhados de perto por Demétrius, que os instruía na nova função.

— Muito bem, escutem-me com atenção. Precisamos que tudo aqui seja limpo. Os doentes que estão deitados no chão devem ser colocados em esteiras, devem tomar muita água fervida, usar roupas limpas e as portas devem permanecer abertas para que o ar puro entre. Daqui a pouco, voltaremos com um chá, mas é necessário que tudo esteja pronto da maneira que eu disse, está bem? — pediu Sophia de maneira bastante séria.

Os doentes concordaram com os aconselhamentos dados pela menina e, no mesmo instante, os que estavam em condições executaram as tarefas propostas. Enquanto isso, Sophia e Reynol voltaram para a biblioteca secreta e passaram a preparar uma mistura de ervas, que seria oferecida aos doentes em forma de chá.

Durante esses momentos de preparação, oravam, solicitando a Deus ajuda para aqueles irmãos que tanto sofriam. Pediam para que Ele abençoasse aquela mistura de ervas curativas e para que levasse fortalecimento e cura aos doentes. Passaram a tarde trabalhando na biblioteca.

Enquanto isso, Anida e Canito, preocupados com o desaparecimento dos meninos, rezavam para que o senhor Afonso não chegasse antes dos dois.

— Venham cá, Anida e Canito, ajudem-nos com este caldeirão — solicitou Sophia.

— O que é isso, menina? De onde vocês trouxeram essas coisas? — perguntou, espantada, Anida.

— Não pergunte nada, Anida, apenas nos ajude a levar para o alojamento — respondeu Reynol.

Assim, o chá foi distribuído entre os doentes.

— Muito bem, voltaremos amanhã cedo com mais chá. Enquanto isso, Maria, peço-lhe para que nossas recomendações sejam seguidas. Tudo precisa ficar muito limpo. As roupas sujas de fezes e vômitos devem ser queimadas. E, de agora em diante, o doente que se mostrar melhor deverá ser alimentado apenas de chá e pão seco. Está bem?

— Obrigada, menina. Que Nosso Senhor Jesus Cristo abençoe suas mãos e as do menino Reynol,

Só o amor pode vencer 35

pois só de estarmos sendo cuidados por vocês, já nos sentimos melhor — falou a velha Maria, tomando as mãos de Sophia e beijando-as com reverência.

— Ora, deixe de bobagem, Maria. A melhor recompensa é poder vê-los bem novamente — respondeu Sophia, acariciando aquela cabeça branca e sábia.

Na manhã seguinte, ao raiar do novo dia, Sophia e Reynol já estavam na biblioteca preparando outro caldeirão de chá. Demétrius os acompanhava em sua tarefa e passou a lhes explicar o poder curativo das ervas.

— Se vocês olharem ao redor, perceberão como nosso Pai Maior é sábio. Cada planta, cada animalzinho que habita esta terra, possui uma função e a responsabilidade de manter o equilíbrio de nosso planeta. E se Ele nos colocou aqui para tomarmos conta desta morada, também nos deu tudo o que é necessário para sobrevivermos com dignidade. Os alimentos, por meio das plantas e dos animais; o ar que respiramos; a água que nos sacia a sede; cada um desses elementos nos serve de alguma maneira. Quando doentes, podemos olhar ao nosso redor e, com certeza, teremos à nossa disposição uma grande variedade de medicamentos. Por essa razão, vamos estudar os efeitos curativos das ervas, para que vocês possam utilizar com sabedoria tudo o que descobriram até agora.

— Demétrius, este casarão foi construído há muitos séculos, dizem que aqui morava um mago muito poderoso que por meio de sua magia conseguiu dominar a todos da região. Os habitantes da cidade pagavam tributos a ele e viviam apavorados, pois viam demônios rondando o castelo como se fossem protetores. Será que é verdade?

— Isso é lenda. Realmente, aqui morou um homem que possuía muitos conhecimentos dos elementos da natureza, falava com os espíritos, como vocês falam comigo agora. Contudo, não havia bondade em seu coração; todo o conhecimento que adquiriu foi para submeter outras criaturas ao seu jugo. Não ouvia os bons espíritos; ao contrário, aliou-se aos espíritos perdidos, aferrados ao mal. O que chamam de demônios são irmãos desencarnados tão sofridos e apegados à sua maldade que sua forma vai se transformando e assumindo aparência animalesca. Contudo, meus amigos, atrás dessa máscara, que assusta e apavora, existe um irmão em grande sofrimento.

— Como alguém pode se transformar em um animal, Demétrius? — perguntou Reynol.

— Reynol, são apenas consequências dos próprios atos, que são muito ausentes de caridade, de amor e respeito. São espíritos que perdem sua própria identidade, por algum sofrimento atroz, que não conseguem enfrentar; outras vezes, isso é fruto da vingança, do ódio. No fim de tudo, é falta de amor a si mesmo e confiança em Nosso Deus Pai, que só nos quer bem.

— E como poderemos ajudar esses irmãos, Demétrius? — perguntou Sophia.

— Deus nunca nos abandona. Mas por enquanto vamos nos ater à lição de agora, ajudar aqueles que sofrem as dores materiais e preparar os chás, que podem aliviar suas dores, com amor. O chá já está pronto, vocês podem levá-lo. Prestem atenção à limpeza do local.

Reynol e Sophia, mais uma vez, recorreram à ajuda de Canito e Anida para levarem o caldeirão até o alojamento. Lá chegando, enquanto os mais sadios ajudavam a distribuir o chá entre os doentes, Maria mostrava a eles os doentes que já estavam sem febre.

— Muito bem, Maria. Eles deverão ir para outro local. Canito, existe aqui perto um galpão bem grande e arejado, ele está vazio? — questionou Sophia.

— Não, menina. Lá estão guardados sacos de milho, que são usados para alimentar os animais — respondeu Canito.

— Reynol, venha comigo — pediu Sophia.

— O que foi?

— Ao perguntar do galpão, vi em minha cabeça muitos ratos comendo o milho. Eu já chamei Demétrius para perguntar se tem algo a ver com a doença dos escravos, mas ele não está aqui — comentou Sophia.

— Mas por que teria algo a ver? — perguntou Reynol.

— Quando vi o galpão com os ratos, também vi um dos trabalhadores pegando uma saca de milho seco para fazer farinha. Depois, tive a impressão de ver todos comendo a farinha — respondeu Sophia.

— Demétrius nos disse para prestarmos atenção à nossa intuição. Acredito que devemos pedir para que queimem esse milho, pois, com certeza, toda essa doença tem relação com os ratos — acrescentou Reynol.

— Está bem, vou ordenar que esvaziem o galpão e queimem o milho. Meu pai ficará bravo, mas conversarei com ele a respeito.

— Sophia, se nós queimarmos o milho, os ratos fugirão e vão ocupar outro local. Então, só estaremos mudando o problema de local. Peça para que antes seja colocado veneno para rato e depois nós mandamos remover o milho e queimar — aconselhou Reynol.

— Está bem, mas onde vamos pôr os doentes que estão se recuperando?

— Existe uma antiga estrebaria abandonada. Meu pai sempre diz que é uma boa construção e que é pena estar abandonada. Podemos pedir que limpem bem; além disso, é um lugar bem arejado — completou Reynol.

— Está bem, peça ajuda a seu pai e ao Canito para fazer tudo isso. Peça que separe alguns dos homens mais fortes e sadios, para que tudo seja feito o mais rápido possível. Vou pedir para Anida que cuide da comida deles, conforme nos falou Demétrius.

Tomadas as providências necessárias para que tudo saísse a contento, Sophia se recolheu ao seu quarto. Sentia muito sono, havia acordado cedo e, durante a noite, talvez pela excitação do dia anterior, não conseguira dormir direito. Banhou-se, fez uma refeição leve e dormiu quase imediatamente.

Durante o sono, viu-se fora de seu corpo. Ao seu lado, percebeu um senhor calvo, recoberto por um manto muito enfeitado de pedras coloridas; dedos com grandes anéis adornados de pedras e no peito grossa corrente de ouro com um medalhão em forma de olho. O mais estranho era ter em sua testa uma pedra vermelha. Sophia o observou e viu que seus olhos eram avermelhados e frios.

— Quem é você? — perguntou.

— Meu nome não interessa a ninguém. Só venho avisar-lhe para que não entre mais em meus aposentos, senão sentirá o poder de meu ódio — respondeu a estranha criatura.

— Seus aposentos...

— Você sabe... não quero ninguém mexendo em meus pertences.

— Você deve ser o antigo morador desta casa, o mago tão temido por todos, não é?

— Isso não importa, atente ao meu aviso — falando isso, ele se foi em uma névoa, entre urros e gemidos, que chegavam até Sophia como um aviso.

Ela não sentiu medo, apenas um grande sentimento de piedade e amor por aquela criatura que se perdia pelos séculos. Lembrou-se dos ensinamentos de Demétrius e orou com muito amor por aquele irmão.

No dia seguinte, levantou-se descansada e voltou à biblioteca. Espantada, viu Reynol sentado no chão do corredor secreto.

— Reynol, o que faz aqui parado, em vez de estar lá dentro com Demétrius trabalhando? — questionou Sophia.

— Na verdade, não sei; apenas não consegui entrar. É como se não pudesse tocar a pedra que abre a passagem.

Nesse momento, Sophia lembrou-se do estranho sonho que teve na noite anterior. Sorriu e contou ao amigo.

— E como faremos para entrar aí agora, se o mago não permite? — perguntou Reynol.

— Vamos orar e pedir a ele que nos dê licença — respondeu Sophia.

Fazendo isso, ela tocou a pedra e a passagem se abriu. Demétrius já estava lá dentro os aguardando.

— Demétrius! Você estava aqui dentro? Por que não ajudou Reynol a entrar? — perguntou Sophia.

— Não se esqueçam de que são aprendizes; precisam exercitar a teoria das lições que aprendem, pois um dia não estarei mais com vocês e terão de resolver seus próprios problemas, não é mesmo? — avisou Demétrius.

— Vai nos abandonar? — perguntou Sophia.

— Nunca estarão sós; porém, as tarefas pertencem a vocês. Para que haja mérito terão de ser realizadas por vocês mesmos. Aquele que tem a lição feita por outro nada aprende — completou Demétrius.

— Entendemos. Então, chega de vadiagem e vamos ao trabalho — brincou Reynol.

A poção para os doentes mais graves foi preparada. Demétrius ensinou-lhes outra fórmula para fortalecer o organismo daqueles que já estavam convalescendo. Como nos outros dias, os dois amigos levaram os caldeirões até perto da cozinha e depois chamaram Anida e Canito para que os transportassem até os doentes.

Depois de medicar os doentes e passar novas instruções para Maria, Sophia e Reynol observaram se todos os processos de higiene estavam sendo seguidos.

— Canito, o milho já foi queimado? — perguntou Sophia.

— Ainda não, menina. Isso deverá ser feito ao anoitecer, antes vamos colocar o veneno para matar os ratos. Por que a menina mandou queimar o milho? É judiação, era de boa qualidade — falou Canito.

— Eu sei. Mas a urina dos ratos é veneno para os homens, e os trabalhadores fazem farinha com aquele milho. Foi daí que veio a doença — respondeu Sophia.

— Como sabe de tudo isso? — questionou Anida, que ouvia a conversa.

— Pelos estudos e livros, Anida.

Depois de realizadas todas as tarefas, os dois amigos voltaram à biblioteca. Passaram a estudar as ervas e descobriram novas utilidades e misturas que poderiam ajudar o povo.

4
O mago

Rebecca acordou com a mesma sensação do dia anterior. Parecia ter estado em lugares e situações até então desconhecidos e, ao mesmo tempo, familiares.

— E aí, dorminhoca, dormiu bem? — perguntou Heitor, já sentado à mesa do desjejum.

— Estou bem, e mais uma vez tive sonhos estranhos. Gostaria de contá-los, senão me esqueço.

— Fale logo, estou curioso — pediu Heitor.

— Tenho a impressão de que você me acompanhava nesses passeios noturnos. Estou até meio confusa, não sei se o chamo de Heitor ou Reynol — falou Rebecca, olhando diretamente nos olhos do amigo.

— E o nome importa? Qualquer que seja ele...
Serei sempre o mesmo, não é? — Heitor respondeu
sorrindo.

— Você tem razão. Já sei que não vou conseguir chegar a nenhuma conclusão por agora... mas,
me aguarde, hein! — falou Rebecca sorrindo.

A jovem resumiu o pouco que ainda se lembrava do sonho enquanto Heitor a observava. Depois dos relatos, os dois se dirigiram à faculdade e
no percurso trocaram ideias sobre os dias que deveriam enfrentar. Era fim de semestre e ambos
deveriam se preparar para as provas e, só depois,
decidiriam o que fariam nas férias.

Mais um dia transcorreu normalmente. Contudo, durante todo o tempo, Rebecca não conseguia
parar de pensar no sonho. O que mais a intrigava
era a sequência com que tudo transcorria. Era como
uma fita onde estava gravado um filme ao qual se
assistia aos poucos.

Intrigada com o assunto, procurou o professor
de parapsicologia da universidade.

— Por favor, gostaria de falar com o professor Sílvio.

— No momento ele está em aula. É só com
ele? — perguntou a secretária do curso.

— Acredito que sim, poderia me informar
como faço para conversar em particular com ele?
— questionou Rebecca.

— Aqui na universidade vai ser difícil, pois ele tem o tempo todo ocupado. Contudo, ele atende em seu consultório particular. Marque uma hora com ele. Aqui está o endereço e o telefone — informou a secretária, dando um cartão para Rebecca.

— Agradeço a ajuda, vou marcar um horário.

Saindo da faculdade, Rebecca encontrou com uma amiga de curso e notou que ela estava muito pálida e suando frio.

— Você está sentindo alguma coisa, Márcia? Precisa de ajuda?

— Acho que é algo que comi ontem. Fui jantar com meu noivo e desde a madrugada estou me sentindo mal — comentou Márcia.

— O que você comeu? — perguntou Rebecca.

— Peixe e camarão. Nossa, não posso nem pensar que já me dá enjoo.

Abrindo um caderno, Rebecca anotou o nome de algumas ervas e quantidades e passou para Márcia.

— Siga as instruções e tome este chá como está explicado aí. Amanhã você não terá mais nada. — instruiu Rebecca, estendendo o papel com as anotações para a amiga.

Márcia leu e olhou de maneira interrogativa para Rebecca, que, nesse momento, deu-se conta do que acontecera. Meio sem graça, disse para a amiga:

— Desculpe, eu gosto muito da Medicina alternativa.

— Você falou com tanta certeza que eu estranhei, mas pode ficar sossegada, vou experimentar sua receita; também não gosto de tomar muitos remédios. A alopatia é necessária, porém se tivermos alternativas é muito melhor — falou Márcia.

Rebecca voltou para casa aturdida com tudo o que estava acontecendo em sua vida. Decidiu pesquisar o assunto, pois não gostava de ficar com dúvidas. Sempre acreditou que quando entendemos o que vivenciamos fica mais fácil tomar atitudes corretas. Depois de certo tempo, ligou para o consultório do doutor Sílvio e marcou um horário para sábado, pela manhã.

Heitor chegou e a encontrou estudando. Para ele também fora um dia diferente. Havia iniciado uma discussão na aula sobre Medicina alternativa, cura pelas ervas, cromoterapia e outras técnicas mais, e demonstrou grande conhecimento sobre o assunto. Ele sempre acreditou já ter vivido outras vidas, pois possuía algumas lembranças, mas nunca algo fora tão claro e lúcido como naquele dia. Sentia que uma coisa maior estava por vir e que o que estava acontecendo com ele e Rebecca era uma preparação para fatos futuros. Sentia-se às vésperas de uma grande viagem cheia de aventuras.

Naquela noite, nem ele nem Rebecca conversaram muito, estavam introspectivos e ansiosos com o futuro.

— Rebecca, estou cansado... Vou dormir, você vai ficar aí?

— Não, Heitor, mas... posso lhe pedir uma coisa?

— Lógico, Rebecca.

— Estou com medo de dormir sozinha, posso pôr meu colchão no seu quarto? — solicitou Rebecca timidamente.

— Vamos fazer melhor, vamos pôr nossos colchões aqui na sala, assim ficamos assistindo à TV. Vou fazer uma tigela bem grande de pipoca e um chocolate quente, o que você acha?

— Grande ideia, você é fantástico.

Rebecca, de mãos dadas com Heitor, adormeceu e voltou a sonhar.

～

— Reynol, há vários dias estamos aqui estudando e Demétrius não apareceu mais. Será que fizemos algo que lhe desagradou? — perguntou Sophia.

— Acredito que não. Penso que ele tem outras pessoas a quem precisa ajudar nos ensinos. Já, nós, temos bastante material para consulta; além disso, ele já nos orientou. Sabemos o caminho a seguir; se realmente precisarmos de ajuda, ele virá até nós — respondeu Reynol.

— Não sei por que, mas estou insegura. Meu corpo dói, minha cabeça parece girar e o mago não sai do meu pensamento. Acredita que ele possa estar nos espionando, Reynol?

— Também me sinto esquisito, mas apliquemos o que nos foi ensinado. Façamos de nossa oração, dos pensamentos elevados a Deus, o nosso escudo. Solicitemos a presença de nossos espíritos protetores; confio que depois da nossa hora de fé, vamos nos sentir melhor.

Nesse momento, os dois amigos se abraçaram e se protegeram. Um grito ensurdecedor, um som sinistro, cheio de ódio e muito mal, parecia atravessar a mente deles. Por causa disso, tiveram certeza de que estavam lutando contra algo muito ruim e forte. Contudo, puros de coração, possuidores de fé e confiança em Deus Pai, oraram com fervor.

~

Logo que o senhor Afonso retornou da cidade grande, foi colocado a par das façanhas da filha. Imediatamente, mandou chamá-la.

— Seja bem-vindo, meu pai. Sentimos sua ausência — falou Sophia.

— Tem certeza de que teve tempo de sentir minha ausência, Sophia? — perguntou.

— Certamente, foram dias muito atarefados, mas com sua presença tudo teria sido mais fácil.

— Poderia então me explicar o que aconteceu por estas paragens em minha ausência? Apesar de meus esforços em entender tudo o que me foi dito e os esforços de seus amigos em me explicar o que aconteceu, ainda não consegui atinar nada.

— Qual parte o senhor meu pai não entendeu?

— Todas, Sophia. Comece do início.

— Bom, meu pai, fiquei sabendo por Anida e Canito que muitos de nossos trabalhadores estavam morrendo. Nada do que lhes era ministrado como remédio, funcionava. Com pena daquelas pobres almas, eu e Reynol lembramo-nos de um livro que ensina a usar as ervas como remédio, e que, inclusive, fala sobre muitas pestes que matam. Então, passamos a estudar o livro. Soubemos também que lá no paiol, onde são guardadas as sacas de milho, havia muitos ratos, e que esse milho era usado para fazer farinha. Então, juntamos tudo e seguimos os procedimentos aconselhados no livro, que seria destruir os ratos, o milho, limpar o local onde estão os doentes, limpar os doentes e ministrar a beberagem que preparamos com as ervas indicadas. Só isso, meu pai.

— Só isso, Sophia? Sabe o que poderia ter lhe acontecido em contato com esses pestilentos? Poderia ter adoecido e morrido; e eu ficaria mais uma vez sozinho.

— Meu pai, com certeza se não tivéssemos descoberto as causas e tratado os doentes, não somente eu poderia ter adoecido, como também o senhor e todos da casa-grande.

— Não quero mais discutir este assunto. E a proíbo de tomar tais decisões sozinha, está bem?

— Está bem, meu pai.

Nesse momento, Anida bateu à porta e entrou no escritório de Afonso.

— Com sua licença, senhor Afonso.

— Entre, Anida. O que você quer? Deve ser algo importante, pois eu pedi para não ser importunado.

— Desculpe, senhor Afonso, mas o senhor Abelardo, o dono da fazenda vizinha, está aí na sala. Quer lhe falar com urgência. O pobre do homem está tão apavorado que não tive coragem de mandá-lo embora.

— Fez bem, Anida. Mande-o entrar. Você nos dá licença, Sophia?

— Pois não, meu pai, com licença. Estarei no jardim, a noite está quente e lá fora é mais fresco.

Abelardo entrou no escritório com uma expressão de muita preocupação no rosto.

— Com licença, Afonso. Desculpe perturbar seu descanso. Mas estou com muitas preocupações e preciso de ajuda.

— Vamos lá, homem! Fale logo, está me deixando ansioso. O que aconteceu de tão grave?

— O povo de minhas terras está morrendo por conta de uma peste. Um dos capatazes veio com uma história estranha e muitas outras pessoas confirmaram; então, vim saber a verdade e se for de seu agrado pedir ajuda.

— Que história é essa, Abelardo?

— Dizem que sua filha e o filho do cavalariço curaram seus colonos que estavam doentes com uma beberagem qualquer e que somente os dois sabem como fazer. Peço-lhe encarecidamente que os autorize a nos ajudar, pois meu filho e minha esposa jazem no leito, enfermos e queimando em febre.

— Cheguei hoje, Abelardo. Ainda não sei ao certo o que aconteceu, se foi mesmo essa tal beberagem que curou os doentes.

— Na dúvida, meu vizinho permita que tentemos salvar pelo menos os meus familiares.

Nesse momento, Sophia, que já havia tomado conhecimento do motivo da visita, entrou na sala e ouviu a última frase do senhor.

— Senhor Abelardo... quando ajudamos alguém, não escolhemos a quem. Se meu pai autorizar, tanto seus familiares quanto os colonos e serviçais deverão receber a mesma atenção. E aquilo que lhe for pedido terá de ser atendido sem questionamento, pois no serviço que se faz não há tempo para indagações tolas.

— Sophia, isso são maneiras de falar com os mais velhos? — repreendeu Afonso.

— Não se importe, senhor Afonso, ainda assim solicito sua ajuda — respondeu Abelardo.

— Muito bem, Sophia, você e seu amigo sabem o que realmente fazer? — perguntou Afonso.

— Sabemos sim, meu pai — respondeu Sophia sorrindo.

— Anida, chame Reynol e providencie tudo o que eles pedirem — ordenou Afonso.

Logo Reynol se reuniu com Sophia na cozinha.

— Reynol, precisamos ir até a biblioteca pegar as ervas necessárias e pedir ajuda a Demétrius para nos certificarmos de estarmos agindo de maneira correta — comentou Sophia.

— Vamos lá, Anida, se perguntarem por nós, diga que estamos recolhendo algumas ervas pelos campos e já voltamos. Está bem? — pediu Reynol.

— Santos protetores, aonde vocês vão quando somem? E se o senhor seu pai exigir sua presença, menina? — esbravejou Anida aborrecida.

— Invente, minha amiga, invente... Está bem?

Reynol e Sophia entraram na biblioteca e sentiram um frio estranho, como se um sopro gélido e mortal os estivesse esperando. De repente, Sophia divisou a figura sinistra do mago, que os observava com um sorriso mordaz.

— Oremos, Reynol, para que esse nosso irmão possa ouvir o chamado do Pai. Peçamos a presença de Demétrius ou de outro irmão sábio e iluminado para nos ajudar.

Nesse momento, ambos ouviram um grito pavoroso de ódio e rancor.

— Boa noite, amigos. Estou vendo que estão praticando o que lhes foi ensinado — falou Demétrius.

— Graças a Deus você ouviu nosso chamado. — disse Reynol aliviado.

— Sempre os ouço, mas somente aparecerei quando realmente for necessário. Vocês agiram corretamente. Vamos trabalhar para socorrer esse amigo que nos alegra com seu pedido de ajuda. E se preparem, pois não será o último, teremos muito trabalho por esses dias. Temos de providenciar a secagem de mais ervas. Vou lhes indicar onde podem ser encontradas e como devem proceder no plantio de outras. Vocês devem ter um lugar onde qualquer pessoa poderá encontrá-los. Devem estar sempre na primeira sala, próximo à cozinha. O campo de plantio será o terreno atrás da horta, que já está arado.

— Você já sabia que tudo isso iria acontecer, Demétrius? — perguntou Sophia.

— Digamos que estávamos preparados para socorrer essas almas, caso fosse necessário — respondeu sorrindo.

～

Os dias seguintes foram de uma correria sem fim. Nem bem tratavam dos habitantes de uma fazenda, outro proprietário de terras aparecia apavorado pedindo ajuda. Todos da fazenda Santana trabalhavam em prol dos necessitados. Afonso acompanhava Sophia e Reynol em todas as paragens. Essa luta durou meses, até que a praga dos ratos, como ficou conhecida, foi controlada e os dois amigos foram, aos poucos, ensinando àquelas pessoas como manter determinados padrões de higiene.

Muitas vidas se perderam nessa luta, mas várias foram salvas, graças à solidariedade e ao trabalho daquela família.

Sem o conhecimento deles, um boato começou a se espalhar: a filha do fazendeiro da fazenda Santana e o filho do cavalariço eram curandeiros. Assim, de uma hora para outra, começaram a chegar à fazenda doentes do corpo e da alma, pedindo ajuda. No início era um ou outro infortunado, por essa razão Afonso permitia que a filha e o amigo ouvissem as queixas e ensinassem algum chá para minorar a dor. Mas a fama deles começou a correr e, em pouco tempo, começaram a se formar filas de desesperados atrás de um milagre. Até que um dia...

— Pelo amor de Deus, meu senhor, deixe seus filhos nos atender e orar pelo meu menino. Ele está sem se mexer e babando há muito tempo. Deixe-os curar meu filho.

— Minha senhora, eles não são milagreiros, são apenas crianças que sabem usar as ervas para pequenas dores — explicou Afonso.

— Se nada puderem fazer pelo meu menino, eu vou embora, mas deixe-os tentar. Olhe para essa criança, com apenas poucos anos e já morto para o mundo — comentou desesperada a mãe com a criança no colo.

— Está bem. Anida, leve-os até os meninos — pediu.

Anida encaminhou a moça com a criança no colo até a sala destinada ao preparo dos chás e ao atendimento aos necessitados.

— Com licença, menina Sophia, mas está aqui uma senhora pedindo ajuda para o filho. Posso mandá-la entrar?

— Lógico, Anida. Ponha-a sentada nesta poltrona enquanto terminamos essa receita — solicitou Sophia.

Nem bem a moça entrou na sala com a criança nos braços, Reynol e Sophia sentiram um mal-estar muito forte e se voltaram imediatamente na direção da porta. Os dois se entreolharam boquiabertos. Solicitaram licença à moça e pediram a Anida que ficasse ao lado dela, orando com fervor. Os dois correram pelos corredores secretos até a biblioteca, chegando esbaforidos à porta. Por mais que se esforçassem, não conseguiam tocar a pedra que abria a passagem. Ajoelharam-se e oraram com muito amor. Em seguida, levantaram-se e entraram na biblioteca. Lá, encontraram Demétrius de um lado e o mago muito nervoso do outro. Este esbravejava, gritava obscenidades, rogava pragas e fazia ameaças. Contudo, Demétrius e outros trabalhadores espirituais conseguiram transformar toda aquela vibração negativa em fluidos benéficos, com orações, muito amor e caridade.

— O que está acontecendo? Há poucos minutos vimos o mago ao lado da criança sugando-lhe as energias, e agora o vemos aqui? — questionou Sophia.

— Aquele que viram ao lado do menino era outro espírito, que assumiu a aparência de nosso amigo para assustá-los; por essa razão solicitei ao verdadeiro que viesse até nós para conversarmos e descobrir qual a melhor maneira para acabar com tanto sofrimento — esclareceu Demétrius.

— Quem você pensa que é para me dar ordens? — perguntou o mago.

— Somos todos irmãos, filhos do mesmo Pai. Estamos aqui para acabar de vez com tanta penúria, pois sabemos que você é possuidor de muitos conhecimentos, inclusive das Leis Divinas, do amor, da caridade e da benevolência de nosso Pai. Além de também saber que nada fica sem evolução por muito tempo, principalmente o mal, visto que a luz elimina as trevas em um piscar de olhos. Apenas nosso Pai nos permite o livre-arbítrio, mas não abusemos de Sua bondade, pois tudo tem limite, e, você, meu amigo, sabe que está nas portas dele, pois sua liberdade de escolha está prejudicando a outros irmãos — advertiu Demétrius.

— Não sei do que fala — objetou o mago.

— Sabe sim, não se faça de desentendido. Eu o convido a me acompanhar para conhecer e viver aquilo que já conhece por meio de tantos estudos e de ver ao longe — falou Demétrius.

— E se eu não for, o que fará? — perguntou o mago.

— Nada, quem faz algo a nós, somos nós mesmos. Você apenas será responsável por suas ações — explicou Demétrius.

Enquanto Demétrius conversava com o mago, Reynol e Sophia oravam em silêncio, pedindo fortalecimento e proteção para todos. Também pediam com muito amor para que aquele irmão que tanto sofria, aceitasse ajuda. Depois de alguns minutos, ele se pronunciou:

— Está bem, vou acompanhá-lo, mas decidirei se fico ou não, está bem?

— A decisão sobre seu futuro sempre será sua — obtemperou Demétrius, aproximando-se do mago e sumindo em uma névoa.

Os dois amigos voltaram correndo para a sala de atendimento. Aproximaram-se do menino e de mãos postas sobre sua cabeça oraram, pedindo proteção e saúde física e mental para o pequeno ser. O menino se mexeu nos braços da mãe, abriu os olhos e sorriu, adormecendo tranquilamente. Todos ao redor choraram emocionados diante da cena de amor e caridade.

O espírito que o perseguia, diante da prece de amor e carinho, resvalou ao chão adormecido e pronto para ser encaminhado a um novo amanhecer.

5
Peregrinação

Rebecca e Heitor acordaram com os olhos cheios de lágrimas. Abraçaram-se com a certeza de que eram amigos de longa data.

— Você também sonhou, Heitor?

— Não me lembro, Rebecca. Apenas sinto uma grande emoção e sei que algo vai modificar nossa vida.

Mais uma vez a vida seguiu seu curso normalmente. Apenas os dois pressentiram o futuro; sabiam que os horizontes estavam se abrindo diante dos olhos deles e percebiam, aos poucos, o quanto tinham a realizar. A carreira que haviam escolhido passou a ter novo valor, e o futuro lhes reservava perspectivas bem diferentes de tudo o que haviam planejado até aquele momento.

À noite, chegando a casa, eles já sabiam que encontrariam antigos afetos e desafetos, mas não estavam temerosos, sentiam que era muito importante readquirir conhecimentos esquecidos.

— Sabe, Heitor, desde que passei a ter esses sonhos readquiri um hábito antigo: o de orar, pedir proteção a Deus e aos amigos invisíveis que, com certeza, nos rodeiam e nos atendem ao menor chamado. Sinto-me mais forte, capaz de lutar contra essa tristeza que toma conta de meu coração, sem que ao menos eu saiba por quê.

— Também estou me sentindo diferente. Há bastante tempo estou pensando em uma vida bem diferente da que temos hoje. Faço planos para que seja um tempo de muita felicidade e amor, mas também de muita luta por um mundo melhor. Espero estar preparado para recomeçar e, realmente, construir algo que valha a pena.

— Quanto aos sonhos que estou tendo e que parecem tão reais, apesar de lembrar tudo com certa confusão, você acredita, realmente, que o que acontece são recordações de algo que já vivemos?

— Sim. Como você explicaria tantos conhecimentos sobre algo que nunca estudamos, ou, nem ao menos, lemos a respeito? Mas não sou a pessoa mais indicada para esclarecer essas dúvidas. Estive pensando em procurar alguém que possa nos ajudar a entender tudo isso.

— Quem?

— Lembra-se de Júlia, a advogada que nos ajudou quando nosso carro foi roubado e usado em um assalto?

— Sim. Mas o que ela poderá fazer?

— Ela é esposa de Sílvio, o professor de parapsicologia da universidade. Ele realiza pesquisas nessa área e estuda a Doutrina Espírita. Júlia já havia nos convidado para participar de seu grupo de estudos, você se lembra?

— Claro. E você não vai acreditar, eu marquei um horário com o professor Sílvio.

— Muito bem, as coisas estão se encaminhando sozinhas.

Rebecca concordou com o proposto por Heitor e foi para o quarto descansar.

⁓

— Rápido, Anida, mande Canito preparar a carruagem, precisamos tirar esses meninos daqui antes que seja tarde — solicitou Afonso muito preocupado.

A notícia sobre o atendimento da criança doente, que após "o toque das mãos dos dois jovens reviveu" e agora se encontrava normal, espalhou-se rapidamente. Na entrada da fazenda, as pessoas se juntavam chorando, gritando e implorando pelo toque dos milagreiros. Isso começou a amedrontar a todos, pois ninguém estava preparado. Afonso apavorou-se quando um grande amigo, também socorrido pela família no caso da peste dos ratos, foi informá-lo de que representantes da igreja e do povo encaminhavam-se para sua morada a fim de investigar os dois jovens.

Apressados, Anida e Canito juntaram algumas roupas e alimentos, carregaram uma carroça de transporte de trabalhadores, esconderam os dois entre os embrulhos e partiram para outras terras.

Afonso e seu nobre amigo permaneceram para receber as autoridades eclesiásticas e políticas da região, dando testemunho de que tudo não passava de boatos, pois tinham em mãos a receita do chá para curar a febre, e que ela havia sido deixada por sua falecida mãe. Argumentaram ainda que boatos sempre se tornam lendas.

Os religiosos e os políticos receberam das mãos de Afonso generosa quantia em joias e ouro, para compensar a perda da viagem. Por sua vez, advertiram-no de que se algo viesse à tona novamente, os dois jovens seriam julgados por prática de charlatanismo e heresia. Na realidade, o que mais incomodava não eram os cuidados materiais destinados a esse povo tão carente, mas sim os esclarecimentos de ordem moral dos direitos e deveres de cada um daqueles infelizes, pois, ao ajudar os que procuravam amenizar o sofrimento físico, Sophia e Reynol esclareciam a respeito do comportamento cristão de cada um.

Alguns meses se passaram. Sophia e Reynol, afastados da fazenda, receberam a notícia de que Afonso estava muito doente e pedia a presença deles.

Canito e Anida, que nunca se afastaram dos dois jovens, prepararam a volta deles. Ao mesmo tempo, Anida sentiu um aperto muito forte no peito. Foi como uma premonição, pressentiu que uma grande desgraça se aproximava de seus meninos.

A viagem de volta transcorreu em silêncio, cada qual imerso em pensamentos e receios.

Sophia relembrou os tempos em que viveu exilada de sua terra, proibida de conviver com o pai, a quem amava tanto. Sentia muita saudade de seus passeios pela propriedade que tanto amava, de seus estudos na biblioteca secreta, da presença espiritual de Demétrius, que raramente os visitava e sempre lhe dizia que chegaria a época em que voltariam a trabalhar juntos e que eles deveriam ter paciência e muita paz dentro de si mesmos.

Reynol olhava para a amiga de tantos anos e percebia que ela sofria, apenas por ter feito caridade. Olhava aquele rosto amedrontado, a quem amava tanto, mas também tinha consciência de que naquele momento nada poderia fazer, apenas orar e pedir a Deus proteção e fortalecimento para a amiga. Sentia dentro dele uma expectativa muito grande quanto ao futuro; sabia que ambos teriam muitas dificuldades se quisessem ser fiéis a seus ideais; precisavam se fortalecer.

As horas passavam lentamente. O balançar da carruagem, o dia morno e o cansaço fizeram-nos adormecer. Quando acordaram, entraram nas alamedas daquele lugar tão amado e agradável para a alma deles. Os olhos brilhando, as mãos suarentas e a saudade de tudo o que viveram dentro daquele lar fizeram-nos ficarem com os olhos cheios de lágrimas. Assim, desceram do veículo de mãos dadas e se encaminharam para a entrada. Subiram as escadas do casarão em direção ao quarto de Afonso.

Deitado na cama, Afonso estava muito abatido. Estendendo as mãos para Sophia, falou seu nome com muita emoção.

— Sophia, minha menina, venha sentar-se ao meu lado. Você também, Reynol, eu lhe quero muito bem.

— Obrigado, senhor Afonso, também o respeito com muito amor.

Os dois sentaram-se ao lado de Afonso e abraçaram-no com carinho.

— Pedi a Deus que permitisse vê-los mais uma vez — contou Afonso, pegando as mãos dos dois jovens e unindo-as. — Reynol, eu lhe peço que cuide de minha filha, pois não posso confiar em mais ninguém. Quero que se unam em matrimônio e procurem ser felizes. Esqueçam o que fizeram tempos atrás, pois se voltarem a fazê-lo, com certeza, terão um fim trágico.

Afonso beijou as mãos deles, abençoou-os em nome de Deus e partiu para uma nova vida.

Os primeiros dias depois do desencarne de Afonso, inconsolada, Sophia se trancava no quarto e recusava a presença de qualquer pessoa. Sentia ter sido injustiçada, privada da companhia do pai. Sabia que ele se mantivera afastado pela segurança dela e de Reynol, apenas visitando-os esporadicamente. Assustava-se com a revolta que crescia em seu coração e orava pedindo ajuda a Deus.

— Muito bem, menina Sophia, vejo que ainda se lembra dos ensinamentos — falou Demétrius sorrindo.

— Demétrius, como é reconfortante senti-lo novamente ao meu lado. Onde estava? Precisei tanto de conselhos e conforto — falou Sophia.

— Sempre ao alcance de seu coração, mas, muitas vezes, fechamo-nos em nossas dores e deixamos de aproveitar o bálsamo que nos traz as palavras de nossos amigos e o toque carinhoso dos anjos do Senhor.

— Oh, meu amigo, assim me sinto culpada!

— Antes de sentir-se culpada, receba minha advertência como mais um carinho, pois quando novamente a dor bater em sua porta não se sinta abandonada pelo nosso Pai, mas sim Lhe agradeça a oportunidade de aprender mais uma lição.

— Tem razão, meu amigo, apenas sentia muita pena de mim mesma, o que não é nada saudável. Vou levantar-me desta cama, sair deste quarto e deixar o sol abençoado banhar minha face. Obrigada por me ouvir.

Demétrius fez uma reverência a Sophia e se foi. Enquanto a moça se preparava para sair do quarto, começou a cantarolar e sorrir para si mesma, indo à procura de Reynol. Encontrou-o na sala de música, tocando piano.

— Bom dia, meu amigo.

— Bom dia, Sophia. É uma alegria ouvir novamente sua voz; senti sua falta.

— Eu também senti sua falta, Reynol. Eu o convido para passear no jardim, me acompanha?

— Com muita alegria. Estou feliz por vê-la animada.

— Demétrius atendeu ao meu chamado e veio visitar-me; puxou-me a orelha e me fez ver o quanto eu estava sendo egoísta e sem fé. Envergonhei-me de meu comportamento e prometo me redimir por esses dias em que estive perdida em autocomiseração.

~

Depois desse dia, Sophia e Reynol passaram a morar no casarão. Atendendo ao pedido de Afonso, não voltaram mais à biblioteca. Os dois se casaram e durante certo tempo conseguiram viver em relativa paz. Contudo, não tinham filhos nem sentiam falta deles, pois sabiam estar passando apenas por um tempo de descanso, pois ninguém foge de suas obrigações. E, mais uma vez, foram chamados a cumprir algumas tarefas.

— Menina Sophia, está aí fora um viajante pedindo para falar com você e com Reynol — avisou Anida.

— Um viajante, Anida? Disse qual o motivo da visita? — perguntou Sophia.

— Não, apenas disse ser de extrema importância.

— Está bem, procure Reynol e chame-o aqui, depois traga o senhor à nossa presença.

Anida saiu à procura de Reynol. Sophia, ao ficar sozinha, sentiu uma inquietação crescente e muita insegurança. Logo, Reynol chegou e ela imediatamente buscou o contato de suas mãos.

— Reynol, não sei o que acontece, estou só e insegura. É um sentimento muito ruim que toma conta de meu ser.

— Sophia, eu também me sinto diferente, mas não tema, pois devem ser apenas impressões. Vejamos o que esse viajante tem a nos dizer.

Assim, um senhor de meia-idade entrou na sala. Ele era alto e magro, tinha cabelos ralos e imensos olhos azuis. Possuía um sorriso simpático e logo cumprimentou Sophia e Reynol.

— Que a paz de nosso Senhor Jesus Cristo ilumine este lar. Meu nome é Frederico.

— Boa tarde, senhor. Desejamos o mesmo ao senhor. Eu sou Reynol e esta é minha mulher, Sophia. Vamos nos sentar, por favor. Gostaríamos de saber o que o traz até nossa casa.

— Primeiramente, quero lhes agradecer a gentileza de me receberem aqui. Vim lhes fazer um pedido de socorro.

— Como assim, senhor Frederico? — questionou Sophia.

— Sim, minha senhora. Moro bastante distante destas terras, mas as notícias correm como o vento que banha nosso amado planeta. Estava passando por um momento muito triste e recebi em minha casa uma pessoa que os conhece de longa data e me informou que ambos teriam como me ajudar a resolver meu problema.

Só O AMOR PODE VENCER   69

— Que pessoa seria essa, senhor Frederico? — perguntou Reynol.

— Um rapaz a quem ajudaram há muito tempo; na época era apenas uma criança nos braços da mãe, desenganado pela Medicina terrena. Depois de uma oração e um toque de vocês teve sua vida de volta. Ele me contou sobre a praga que dizimava vidas nesta região e que, graças ao trabalho dos meninos e a bênção de nosso Pai, tudo foi resolvido.

Reynol e Sophia se entreolharam e, ao mesmo tempo, lembraram-se das palavras de Afonso.

— Desculpe-nos, senhor Frederico, mas não sabemos mais como tratar esses assuntos. Gostaríamos muito de ajudá-lo, mas não está ao nosso alcance — explicou Reynol.

— Escutem-me primeiro, depois vocês me respondem. Tenho muitos colonos em minhas terras, antigos escravos a quem meu pai libertou há muito tempo. Também recolho crianças órfãs pela vida, das quais cuido com muito carinho. Uma dessas crianças foi recolhida à beira da estrada, com muita febre, com o organismo debilitado por estar abandonada e sem cuidados. Depois, apareceram mais pessoas doentes. Então, descobri que o mesmo estava acontecendo com pessoas das terras vizinhas. Já perdi muitos amigos e não sei mais como agir. Os adultos estão todos doentes e sendo cuidados pelas crianças. Sabemos que temos pouco tempo para tentar salvar aqueles que ainda vivem e, depois de ouvir a história de vocês pelo Daniel, a esperança bateu à minha porta. Por esse motivo estou ajoelhado a seus pés lhes pedindo ajuda.

Reynol e Sophia, de mãos dadas e olhos arregalados, novamente se entreolharam.

— Senhor Frederico, dê-nos alguns momentos, vamos conversar e logo voltaremos. Com sua licença.

— Pelo amor a Deus, pensem com carinho no meu pedido.

Ambos se retiraram da sala e encaminharam-se para o jardim. Ficaram sentados embaixo de frondosa árvore, diante de um lindo chafariz em forma de anjo, orando com os olhos voltados aos céus, quietos, imersos em seus pensamentos.

— Sophia, você sabe o que poderá nos acontecer se cedermos ao pedido desse amigo? — perguntou Reynol.

— Sei sim, Reynol. Só não sei se poderei viver em paz recusando ajuda a tantos sofredores. Se Deus colocou em nossas mãos a possibilidade de ajudar quem sofre, qual o direito que temos de nos recusarmos a executar sua vontade? — questionou Sophia.

— Não sei. Seu pai a colocou em minhas mãos, confiando que nunca mais iríamos descer àquela biblioteca. Se eu o fizer estarei faltando à confiança em mim depositada.

— Reynol, meu pai era um homem de bem, tenho certeza de que nunca iria recusar ajuda a esse senhor que veio nos procurar com tanta esperança. Ademais, o que meu pai pediu a você foi numa hora de emoção e medo. Tenho certeza de que se ele estivesse aqui, iria nos acompanhar nessa caminhada.

— Está bem, mas pedirei a ele que mantenha nosso nome em segredo. Está bem?

Sorrindo, Sophia o beijou no rosto com muito carinho e amor e disse:

— Cada vez mais acredito na bondade de nosso Pai. Ele não poderia ter colocado em meu caminho ninguém que pudesse completar-me mais que você. Eu o amo muito, Reynol.

— Também a amo muito, Sophia. Por esse motivo tenho tanto medo de perdê-la.

— Nós nunca nos perderemos, tenho certeza de que sempre estaremos juntos, seja de que maneira for, você está preso em meu coração.

Sorrindo, Reynol a abraçou com muito carinho e os dois voltaram à sala.

— Muito bem, senhor Frederico. Nós conversamos e resolvemos ajudá-lo. Pedimos apenas dois dias para prepararmos tudo o que vamos precisar; e também temos algumas condições a serem discutidas. Durante esses dois dias, o senhor será nosso hóspede — comunicou Reynol.

— Sinto-me honrado em ser hospedado em sua casa. Solicito ainda poder ajudar em tais preparativos e, se for merecedor de sua paciência e confiança, conhecer os procedimentos que serão adotados para erradicar o mal que consome minha casa.

— Tenha certeza, senhor Frederico, o que for de valia para ajudar os seus lhe será transmitido. Agora lhe peço licença, temos muitas coisas para providenciar. Anida vai lhe mostrar seus aposentos e lhe oferecer uma saborosa refeição como só ela sabe preparar. Fique à vontade em nossa casa.

Depois do contato com Frederico, Reynol e Sophia desceram à biblioteca, meio receosos, a princípio. Diante da tão conhecida pedra presa à parede, de mãos dadas eles pediram proteção ao nosso Pai, rogando com muita fé a presença de Demétrius para aconselhá-los sobre o procedimento correto a ser tomado.

— Bem-vindos, meus amigos, ao retorno de nosso trabalho — recebeu-os Demétrius com alegria, assim que entraram na biblioteca.

— Que saudade, meu amigo! — falou, emocionada, Sophia.

— Também senti muita falta de nossas conversas, Demétrius. Realmente é muito bom voltarmos a trabalhar juntos — completou Reynol.

SÓ O AMOR PODE VENCER 73

— Então vamos ao trabalho. Pelo que pude
perceber, estamos diante do mesmo mal que nos
levou tantos amigos. Os procedimentos devem ser
os mesmos, Demétrius? — perguntou Sophia.

— É isso mesmo, menina. Contudo, não temos
mais as ervas secas e preparadas. Vocês devem ins-
truir os trabalhadores da fazenda a colherem. Na
Montanha das Rochas eles encontrarão o que precisamos em abundância. Depois que procedermos
à limpeza das ervas e ao preparo de xaropes, será
mais fácil transportá-los.

Findo os dois dias e depois dos procedimentos necessários de preparação das poções que seriam usadas na cura da peste que se alastrava por
aquelas paragens, nossos amigos partiram com
Frederico e alguns trabalhadores da fazenda, que
ajudariam no tratamento dos doentes.

Quando chegaram às terras de Frederico, a
peste já havia levado muitas vidas e muitos estavam doentes e precisavam ser tratados. Durante esse
tempo, nossos amigos presenciaram o desencarne
de muitos jovens e muitas crianças. Sofreram muito
quando a esposa de Frederico desencarnou, apesar
de todos os cuidados dispensados a ela, a febre alta
já havia debilitado seu frágil organismo. Desconsolado, Frederico, abatido e frustrado por não ter con-
seguido salvá-la, deixou-se dominar pelo desânimo.

— Senhor Frederico, o senhor precisa reagir e assumir o controle de sua morada, pois todos precisam muito da sua presença, que os conforta e anima a continuar lutando pela vida — comentou Reynol.

— A minha vida se foi, meu caro amigo. Nada mais tenho a fazer neste mundo. Quero ir-me e procurar por minha Rosa.

— Está sendo egoísta, meu amigo. Tem três filhos que sofrem com a perda da mãe. Eles são muito jovens e não sabem como lidar com tamanha tristeza. O que será de seus pequenos se também partir? O que será de seu povo que está aí à sua porta para saber do senhor, orando, ajoelhado, na terra seca e coberta de pedras, esquecendo-se das próprias dores e perdas. Eles oram pelo senhor, meu amigo. O que será que a doce Rosa sente neste momento ao vê-lo destruído e alquebrado pela dor, abandonando os que mais ela amou? Deve sentir-se culpada por ter lhe acontecido algo que lhe fugiu ao controle? — perguntou Reynol emocionado.

Frederico desatou em pranto silencioso e sentido; era um desabafo de amor e dor.

— Agradeço a Deus por ter me feito encontrar tão digno amigo, que me ama a ponto de me mostrar como minha dor está vedando minha visão e me tornando egoísta. Tem razão, Reynol, vou me levantar desta cadeira e, em homenagem a minha Rosa, tratar pessoalmente de meu povo.

Depois de terminado o trabalho na fazenda, Reynol e Sophia voltaram para casa. Contudo, em menos de uma semana o amigo bateu à porta em busca de nova ajuda. E novamente iniciou um período de muito trabalho, atendendo ao pedido de socorro de outras paragens. Mas desta vez eles impuseram o silêncio de seus nomes aos solicitantes de ajuda.

~

Passados alguns anos, Reynol e Sophia estavam novamente enfronhados nos estudos dos livros proibidos, já que eram possuidores de muitos conhecimentos e tinham ajudado muitos necessitados. Aos poucos, o medo foi se afastando do coração deles.

6
A dor

Apesar de todo o cuidado para que seus nomes não fossem associados aos trabalhos de cura, o caso acabou chegando aos ouvidos de um arcebispo, famoso por sua intransigência e gosto pelos julgamentos da Santa Inquisição.

Tomando como exemplo de vida essa época negra da história, ele se sentia poderoso e com direitos a julgar, condenar e aplicar a pena, sem nem mesmo recorrer ao Tribunal de Julgamentos. Dessa forma, associou-se aos políticos e à nobreza prepotentes em seus preconceitos, ávidos por poder e devorados por uma ambição desenfreada, que varria a região em ondas tenebrosas de horror.

Ouvia-se ao longe o tropel de cavalos que chegavam pela alameda florida. O céu estava carregado de nuvens escuras, o ar pesado dificultava a respiração e o corpo transpirava pelo mormaço ardido que entrava pela janela entreaberta.

Reynol observava o cortejo que se aproximava e sentiu que algo muito ruim estava para acontecer. Sophia, pálida, entrou no escritório e se abraçou a Reynol. Suas mãos estavam trêmulas e seus belos olhos cobertos de lágrimas.

— Reynol, o que está acontecendo? Sinto pavor.

— Acalme-se, Sophia, com certeza é apenas um falso pressentimento de nossa parte.

— Que Deus o ouça. Sinto um medo que não consigo controlar.

— Vá, desça ao nosso esconderijo. Ninguém conhece a biblioteca. Se for algo de ruim, procurarei uma maneira de me juntar a você. Vá, vá sem demora.

— Não quero deixá-lo sozinho.

— Lembra-se do que me falou certa vez? Que sempre estaremos juntos? Ademais nada fizemos de errado.

— Tem razão. Já ensinamos a muitas pessoas de honra e de bondade nossas poções curativas; então, se nos proibirem de usá-las, outros o farão, não é?

— É isso mesmo, meu amor. Mas agora vá e se esconda. Sophia, aconteça o que acontecer não apareça, por favor.

Dizendo isso, carinhosamente Reynol a empurrou em direção à porta. Sophia olhou para ele tristemente; sentiu ser aquela a última vez que veria seu grande amor com vida. No caminho, encontrou Anida e pediu à amiga que chamasse Canito e alguns serviçais para defenderem Reynol, se fosse necessário.

Dirigiu-se vagarosamente em direção à biblioteca. Suas pernas estavam pesadas e ela não conseguia conter o choro. Abriu a porta e se trancou lá dentro.

Bastante ansiosa, não conseguia ficar quieta nem se concentrar nos livros. Lembrou-se, então, de que poderia observar o que acontecia em sua casa pelos orifícios na parede. Saiu da biblioteca e passou a percorrer os corredores de pedra. Sentiu um arrepio percorrer seu corpo e medo de olhar em cada um daqueles pequenos buracos. Chegou ao corredor paralelo à sala de reuniões. Ela nunca gostou daquele lugar, sempre o achou sombrio e triste. Olhou pelo orifício na parede e, assustada, viu homens armados e ameaçadores, apontando espadas afiadas e longas para Reynol. A um canto Anida, Canito e alguns serviçais jaziam estendidos no chão rodeados por uma poça de sangue.

Sentado em confortável poltrona, o arcebispo, estava todo paramentado, com a mente em desatino e sem consciência cristã de seus atos. Fazia uma oração em voz alta e estridente invocando santos para afastar os demônios que reinavam naquela casa. Levantou-se imponente, altivo e, com voz alterada pela maldade e pela ira, totalmente esquecido de seu juramento de seguir a Deus, Pai de benevolência e perdão, ordenou:

— Reynol, senhor destas terras, dominado pelos demônios, praticante de bruxarias e desobediente às Leis Divinas de Deus, eu o condeno a ser queimado pelo fogo sagrado, para eliminar suas impurezas e expulsar o demônio que habita seu corpo. Que seja cumprida a sentença em nome de Deus neste exato momento e diante de todos os que aqui habitam. Declaro que a partir de agora, todas as terras e bens de sua propriedade passarão a pertencer à Santa Igreja. Que se cumpra a Lei de Deus.

Sophia, paralisada pelo terror, ficou ali, caída no chão frio.

Reynol, ao ver que não conseguiria fugir ao jugo de seus "perseguidores", falou ao arcebispo que Sophia havia falecido recentemente vitimada pela última peste a que foram socorrer.

Alguns anos se passaram e aqueles que sobreviveram ao massacre imposto pela mente doentia de homens que se consideravam aptos a julgar e condenar, contaram a história dos nossos amigos como exemplo de bondade e amor.

Dizem que o amor de Reynol transformou Sophia em uma luz brilhante, que subiu direto aos céus. Outros dizem que em dia de Lua clara, veem-na passeando pela propriedade e plantando suas ervas, para que nunca falte a quem precisar. Quanto aos homens que se julgaram juízes em sua insanidade foram punidos por suas ordens superiores e afastados de seus cargos.

～

Rebecca abriu os olhos e viu Heitor sentado ao seu lado. Com ar preocupado, ele a observava. Emocionada, abraçou-o. O jovem, sem saber o que acontecia, sentiu enorme emoção, apertou-a contra o coração e os dois choraram abraçados.

7
Um novo tempo

Depois desse acontecimento, a vida de Heitor e Rebecca mudou radicalmente. Eles passaram a pressentir que teriam algo muito maior a realizar; sentiam-se responsáveis por possuírem a possibilidade de tantos conhecimentos, mas sabiam que oportunidade ofertada por nosso Pai deveria ser respeitada e utilizada de maneira a auxiliar aqueles que os procurassem em busca de ajuda.

A Medicina para ambos assumiu um aspecto muito mais social. Ambos sabiam que por meio de suas mãos seria ofertada ajuda ao tratamento do corpo encarnado e também fortalecimento ao espírito. À frente deles se descortinava um mundo maior, onde poderiam contar com a ajuda de equipes espirituais.

Rebecca se esqueceu do encontro com o professor Sílvio, de tão envolvida com o novo rumo dado à sua vida.

— Heitor lembra-se de que falei sobre o encontro com o Professor Sílvio? — perguntou Rebecca.

— Lembro sim, Rebecca. Se não me engano você perdeu o encontro, não é?

— Mas sinto muita vontade de conversar com ele. Muitos amigos participaram de palestras e cursos ministrados por ele e saíram encantados. Acho que vou ligar para o consultório desculpando-me pela minha falha e marcar novo horário.

— Faça isso e me avise, gostaria muito de estar presente.

Rebecca novamente entrou em contato com a secretária de Sílvio, que prontamente fixou outra data e horário para recebê-la.

No dia marcado, ansiosos, Heitor e Rebecca se dirigiram ao encontro. A secretária os encaminhou a uma sala muito agradável, mobiliada com simplicidade e conforto.

Sílvio era um homem ainda jovem, aparentava cerca de 35 anos e tinha fisionomia tranquila e amorosa. Imediatamente, inspirou confiança no casal.

— Por favor, entrem e fiquem à vontade. Você é Rebecca e você, Heitor. Se não me engano estudantes de Medicina e Psicologia.

SÓ O AMOR PODE VENCER 83

— Somos sim. E estamos muito ansiosos por nossa conversa — respondeu Rebecca.

— Espero poder ajudá-los na busca por respostas — falou Sílvio.

— Rebecca tem tido algumas recordações que acreditamos serem de vidas passadas. Apesar de acreditarmos em tudo o que nos foi mostrado, ainda nos sentimos muito inseguros, pois não entendemos amplamente o que está acontecendo — respondeu Heitor.

— Gostariam de relatar passo a passo o que lhes aconteceu? — questionou Sílvio.

— Talvez o que me lembro não seja tão fácil de entender. Logo que acordo tudo é muito claro, mas, aos poucos, tudo se torna distante e confuso. Contudo, algumas informações ficam mais claras e, simplesmente, vêm à minha mente quando necessito de respostas. Não sei se me faço entender, porque na realidade para mim tudo ainda é confuso. Digamos que essas novas ideias e informações são como se estivessem dentro de minha mente, porém até agora adormecidas. Contudo, quando algo acontece, elas afloram naturalmente.

— Não se preocupe, Rebecca, com a coerência ou mesmo o encadeamento de fatos, apenas me conte o que lhe vem à cabeça — incentivou Sílvio.

Então Rebecca, com calma e confiança, relatou os acontecimentos dos últimos dias, a facilidade com que se lembrava do uso de medicamentos naturais e o que considerava mais interessante, o tratamento do espírito como parte importante da saúde física de cada ser.

— Realmente, pelo que me contou, você foi agraciada com as bênçãos de Deus com recordações espontâneas de conhecimentos científicos que podem auxiliar a muitos irmãos necessitados. Vocês vieram até aqui em busca de respostas, porém teremos de trabalhar juntos e descobrir o porquê disso tudo — comentou Sílvio.

— Realmente, professor, precisamos de ajuda, pois não sabemos nem por onde começar — pediu Heitor.

— Faço parte de um grupo de estudos da Doutrina Espírita, por meio da qual obtemos respostas para muitas das indagações de nossa mente. Vejo que o que me trazem de dúvidas também poderá ser respondido por meio desses estudos. Convido-os a nos visitar e participar dessas reuniões. Vou presenteá-los com os livros de um mestre espiritista, Allan Kardec, que muito lhes acrescentará ao conhecimento já adquirido.

— Aceitamos seu convite e agradecemos a atenção — avisou Rebecca.

Sílvio os observava sorrindo e com muito carinho falou ao se despedir:

— Estou muito feliz por vê-los buscar respostas, mas muito mais contente de mais uma vez fazer parte da vida de vocês. Que Deus os proteja e os fortaleça nesta caminhada.

Saindo de lá, ambos foram para a universidade.

— Heitor, o que será que o professor Sílvio quis dizer ao falar "mais uma vez fazer parte da vida de vocês"? — questionou Rebecca.

— Também estava pensando sobre isso. Sinto que o conheço há muito tempo. Quando nos recebeu, percebi uma emoção muito forte e senti como se estivesse revendo um grande amigo.

— Acho que devemos deixar de especular sobre o futuro e esperar que ele nos surpreenda — concluiu Rebecca.

Os dois continuaram caminhando e trocando ideias a respeito de tudo o que lhes vinha acontendo ultimamente.

Com mais uma possibilidade de esclarecimento para entender o que lhes acontecia, Heitor e Rebecca passaram a frequentar as reuniões de estudo da Doutrina Espírita. O grupo ao qual estavam ligados possuía um relacionamento muito especial, os laços de amizade que os uniam eram verdadeiros e fortes. Eram doze pessoas com um objetivo de vida elevado: estudavam e trabalhavam com afinco para atingir suas metas. Em uma dessas reuniões, germinou a ideia de um futuro brilhante para todos na seara do Senhor.

Feita a abertura dos trabalhos, Irina leu um trecho de *O Evangelho Segundo o Espiritismo*: "Perdoai para que Deus vos Perdoe[1]". Depois da leitura, foi feito comentário e todos puderam opinar, cada qual de acordo com o entendimento necessário e adequado à sua evolução. Durante as reuniões, o grupo discutia como aplicar o que estavam descobrindo pela vida afora.

— Acredito que estamos juntos para um propósito. Devemos buscar a melhor maneira de colocar em prática tudo o que aprendemos em nossos estudos e em nossa vida — comentou Sílvio.

— Se pararmos para observar cada um de nós, nossa profissão e predisposição ao trabalho, descobriremos que formamos uma comunidade que possui os requisitos para caminhar juntos — comentou Júlia, esposa de Sílvio.

— Como assim, Júlia? Não entendi direito o seu comentário — questionou Rebecca.

— Veja bem, Rebecca. Somos doze pessoas, formamos seis casais. Sílvio é psicólogo e estudioso das "forças ocultas", sempre nos impulsou a descobrir

---

1. KARDEC, Allan. *O Evangelho Segundo o Espiritismo*. Capítulo 10, itens 1-4 (Nota da Médium).

mais e questionar o que já temos como certo, formando novas ideias, que sempre evoluem. Eu sou administradora e advogada, preparo-me para coordenar um grupo de trabalho em seu aspecto prático, inclusive o legal. Irina é veterinária, profissional competente, seu sonho é trabalhar no campo. Armando, seu marido, é agrônomo, digamos que o casal se completa. Flávio e Sílvia são mestres na arte da alimentação, nutricionistas e ótimos cozinheiros, já organizaram a parte alimentícia de grandes empresas, e é indiscutível a excelência do sabor de seus pratos. Cléber é dentista e Celina pedagoga. Temos ainda Filipe e Sônia ligados à educação, à assistência social e participantes ativos em campanhas contra as drogas, Filipe também é fisioterapeuta. Você, Rebecca, termina sua faculdade de psicologia ainda este ano e Heitor será médico e deverá fazer residência. Vocês percebem que podemos criar uma comunidade, trabalhando todos com o mesmo objetivo? — perguntou Júlia.

— Uma fazenda?! — questionou Armando.

— Fazenda? Como assim? — questionou Irina.

— É isso mesmo. Em uma fazenda podemos trabalhar com a terra, com a criação de animais, com piscicultura, apiário etc. — completou Armando.

— Podemos construir uma pousada, para receber pessoas que gostam da vida simples do campo e alimentação saudável. Podemos promover passeios para desfrutar a natureza, praticar natação no rio, fazer cavalgadas, fogueira à noite com boa música e promover contação de histórias de arrepiar — falou Sílvia rindo feliz.

— Podemos fazer uma pequena escola para atender crianças e jovens da região, com bom ensino e muito amor e, principalmente, a evangelização desses pequenos — completou Celina.

— Montaremos também um posto médico, onde atenderemos pessoas mais necessitadas sem cobrar. Podemos oferecer remédios naturais, fabricados por nós mesmos com ervas cultivadas em nossa fazenda; e, o mais importante, o tratamento espiritual — falou Heitor.

— Eu gostaria muito de ajudar a tratar jovens dependentes químicos, eles ficariam internados, trabalhariam na fazenda e receberiam tratamento médico, psicológico e espiritual — comentou Rebecca.

— Nossa, minha gente, isso é um sonho! Eu e Sônia sabemos como é importante o trabalho sério e amoroso com esses espíritos que tanto sofrem na dependência do vício. A ideia que acaba de nascer bateu fundo em meu coração. Que Deus nos ajude a colocar tudo isso em prática — disse, emocionado, Filipe.

— Nem sei o que dizer. Só posso agradecer ao nosso Pai e aos irmãos amados que, com certeza,

Só O AMOR PODE VENCER   89

nos inspiram neste momento — comentou Sônia
com os olhos rasos de lágrimas.

Depois dessa reunião, a ideia de formar a Casa
do Senhor, como passaram a chamá-la, tornou-se o
principal objetivo deles. Júlia começou a pesquisar
a parte prática do assunto: custos financeiros, aspectos legais etc. Irina e Armando se encarregaram de
procurar o local, que deveria ser próximo ao centro
urbano, possuir nascente própria, terra fértil e, principalmente, ser um local de vibração elevada, pois
os trabalhos ali realizados seriam no seu âmago de
resgate a irmãos necessitados de amor.

~

Enquanto isso, na espiritualidade, eu, Maurício, observava o grupo e me lembrava de alguns
acontecimentos.

Durante o período de preparação, estive bem
perto desses amigos, muitas vezes me emocionei
com tanto amor, fé e caridade.

Um dia questionei Mauro a respeito da união
fraternal desse relacionamento, dos propósitos elevados de todos, da ausência de discussões infrutíferas que pudessem atrasar os seus planos, ao que
ele me respondeu:

— A obra de Deus é sempre perfeita. Quando muitos ainda acreditam que esse mundo dos encarnados não tem mais jeito, pois o ódio, a vaidade, o orgulho, o descaso pelo amor dominam a humanidade, nosso Pai nos brinda com grandes e simples soluções, como preparar filhos mais puros e colocá-los entre os ímpios, para resgatá-los e mimá-los em seu seio de amor novamente.

— O senhor está me dizendo que nossos amigos se comprometeram ainda na vida espiritual de se encontrarem, unirem-se e trabalharem em prol do resgate da humanidade?

— Por que o espanto, meu amigo? Existem muitos grupos sendo preparados. Não se esqueça de que Jesus Cristo avisou a todos que muitos serão chamados, mas poucos serão os escolhidos. A estes cabe o refazimento da vida pura e do recomeço.

Deus, como Pai amoroso, sempre nos presenteia com mais uma oportunidade de fazermos parte dos escolhidos; por esse motivo manda seus "anjos" na frente para resgatar mais alguns irmãos para a nova vida.

Olhei para o alto, agradeci mais uma vez. Sentei-me na grama úmida e tive certeza de que muito me faltava para entender tanta bondade e tanto amor.

8
Mudanças

Durante uma reunião do grupo, Rebecca questionou Sílvio sobre a possibilidade de ele ser Demétrius.

— Sílvio, lembra-se da primeira vez em que eu e Heitor fomos ao seu consultório?

— Lembro sim, Rebecca. De lá para cá percorremos um grande caminho, não é verdade?

— Sem dúvida alguma. Aprendemos muito com nossa convivência e nossos estudos. Mas, voltando àquele dia, quando estávamos saindo de seu consultório, você nos disse ser muito bom participar de nossa vida novamente. Você se lembra de algo?

— Vagamente, por quê?

— Enquanto conversávamos, por diversas vezes, quase o chamei de Demétrius. Acredita que você possa ser nosso velho amigo?

— Rebecca, não posso lhe responder. Não tenho recordações dessa vida que me descreveu em partes e com tanto amor. Mas acredite que hoje sou amigo de vocês e estou feliz de tê-los em minha vida. Se realmente for verdadeira a sua intuição, vou me sentir recompensado por estarmos juntos novamente.

— Obrigada, meu amigo.

— Tenho uma novidade para você. Encontramos as terras que estávamos procurando, inclusive o atual proprietário simpatizou muito com nossa causa. Apesar de a fazenda não estar à venda, ele nos fez uma oferta tentadora. Quer arrendar por cinco anos e no fim desse tempo, se tudo der certo, temos a opção de compra. Se não, tudo o que for feito de melhoria na propriedade é dele; e aí devolvemos o imóvel — contou Armando.

— Vamos marcar para visitar o local e depois verei os aspectos legais para redigir um bom contrato de arrendamento que não deixe dúvidas — falou Júlia.

— Uma coisa me deixou curiosa, Armando. Por que esse senhor aceitou nos favorecer com o contrato de arrendamento? — perguntou Sônia.

— O senhor Antônio e sua esposa, dona Maria José, são pessoas sozinhas. O único filho desencarnou em um acidente de carro com toda a família há menos de um ano. O desenlace se deu no dia em que estavam mudando da cidade para a fazenda. Os netos eram pequenos e a vida nesse local favoreceria o crescimento das crianças e, além do mais, a cidade onde o casal trabalhava ficava a menos de vinte minutos do local. Eles sentem muita falta dos familiares e muita tristeza ao olhar aquela imensidão de terra e saber que um dia terão de se desfazer de tudo, pois não possuem herdeiros nem parentes próximos — respondeu Irina.

— Meu Pai, que história mais triste. Gostaria de poder ajudá-los — falou Celina emocionada.

— Hum! Ideias estão brotando em minha cabeça, depois lhes conto — disse Rebecca com olhar matreiro.

— Não sei não, hein, pessoal! Acho melhor se prepararem, pois quando ela fica com esse olhar, ou vai aprontar alguma arte, ou fazer macarronada — brincou Heitor.

O grupo em coro, respondeu:

— Macarronada, não, por favor!

E todos riram satisfeitos e felizes com as brincadeiras. Rebecca escondia o rosto entre as mãos e fingia chorar sentida.

No sábado pela manhã, o grupo de amigos alugou um micro-ônibus e partiu em busca dos sonhos. No caminho, todos brincaram muito e cantaram felizes. Tudo o que perseguiam como objetivo de vida talvez fosse encontrado no fim daquele caminho. Depois de duas horas de viagem, Armando, que ia dirigindo o veículo, parou diante de uma entrada de fazenda e falou que ali começavam as terras de Antônio e Maria José. Todos olharam extasiados a paisagem que se descortinava à frente; tudo era belíssimo e muito familiar. Toda a fazenda era cercada por estacas pintadas de branco e rodeadas por arbustos floridos. A portaria era um mimo só, simples e de troncos rústicos. Ao centro, apenas uma frase: "Deus é nosso hóspede eterno".

Passando pela porteira, havia uma alameda cercada de eucaliptos altos e perfumados, que se estendiam por todo o caminho, até onde a vista podia alcançar. Ao redor, a grama verde e viçosa deixava o ar perfumado.

No fim de uma curva, avistou-se, ao longe, linda residência, toda construída com pedras. As janelas eram pintadas de branco e, ao redor, a vegetação formava um lindo jardim colorido por lindas flores. Em frente à casa, uma fonte de água cristalina, onde existia a imagem de um anjo ajoelhado com os olhos voltados ao céu em atitude de oração.

Heitor e Rebecca se olharam emocionados, sem saber por que se abraçavam chorando. Ergueram os olhos aos céus em profundo agradecimento, sentindo alegria por estar de volta àquele local. Sílvio os observava, emocionado. Entendeu que o lugar atingia-lhes o coração. O grupo também os olhava em silenciosa oração. Todos intuíam o que estava acontecendo, pois eles sabiam também que estavam em casa.

Antônio e Maria José observavam nossos amigos do alto da escada de entrada; de mãos dadas se entreolhavam e sorriam felizes, pois pressentiam não estar mais sozinhos.

Todos entraram na casa, observando cada detalhe e sentindo os eflúvios benéficos daquele ambiente. Caminhando vagarosamente, absorvendo a energia carregada de boas-vindas, nossos amigos estavam radiantes, acompanhados de perto pelos anfitriões, que, com muita boa vontade, contaram-lhes a história de cada objeto pertencente àquela morada.

Depois, convidaram-nos para o desjejum preparado pelas mãos de Maria José com todo o carinho.

— Dona Maria José, esta broa de milho é um espetáculo! Que sabor! Precisa ensinar-me e ao Flávio como se faz — falou Sílvia.

— Terei o maior prazer, minha filha — respondeu Maria José sorrindo.

— Senhor Antônio, não quero ser indiscreta, mas gostaria de saber o que farão se ficarmos com a fazenda — disse Rebecca.

Antônio buscou a mão de Maria José, abaixou a cabeça para esconder as lágrimas que teimavam em lhe chegar aos olhos e disse emocionado:

— Ainda não temos planos, Rebecca. Quando chegar a hora, pediremos a Deus que guie nossos passos.

— Eu e meu velho gostaríamos muito que ficassem com o nosso lar; os projetos muito nos emocionaram. Tudo o que veem aqui, e verão nos campos, foi feito com muito amor, e nada mais justo que seja usado por uma boa causa — completou Maria José.

— Senhor Antônio, dona Maria José, apesar de Rebecca não ter comentado nada conosco sobre o que lhe vai à cabeça, acredito que todos nós sentimos o mesmo. Em nome de todos, gostaria de convidá-los a participar de nosso sonho, pois ninguém melhor que os senhores para nos auxiliarem neste recomeço — falou Heitor.

— É isso mesmo! Além do mais, somente Heitor e Rebecca ainda têm seus pais originais. Quanto aos outros, estamos atrás de quem nos adote. O que acham de serem responsáveis por todos os marmanjos? — perguntou Celina sorrindo.

— Isso sem contar com mais alguns que iremos encontrando pelo caminho afora — falou Flávio.

— Se aceitarem, prometemos eliminar de seu dicionário a palavra solidão — falou Júlia.

— Com certeza, sei o motivo. Sabem o que ela me diz quando menciono o fato de querer filhos? Que se tivéssemos avós para nos ajudar a educá-los, já teria tido uns dez. Ela apenas os está prevenindo do trabalhão que vão arranjar — falou Sílvio abraçando-os pelas costas.

— Bom, depois de todas essas considerações, vocês não têm como recusar, pois Irina e eu já os consideramos pais adotivos. Então, se recusarem, ficaremos emocionalmente traumatizados pelo resto de nossa vida — falou Armando.

— Não liguem para isso. Eles são os mais velhos do grupo, o tempo de trauma será curto... Mas existe um problema grave, e eu vou contar um segredo de Irina e Armando, que vai mantê-los cativos para sempre — falou Rebecca, olhando para Antônio e Maria José e fazendo suspense.

Todos, em coro, gritaram:

— Conta, conta, conta, conta...

Rebecca subiu na cadeira enquanto todos a olhavam curiosos.

— Tenho a satisfação, o prazer e a alegria de informá-los de que seremos tios em sete meses, e os senhores (apontando para Antônio e Maria José) serão avós.

Todos se calaram emocionados e com lágrimas nos olhos correram para abraçar os amigos, que, felizes, oravam agradecendo a Deus a família espiritual que os acolhia. Ao entardecer, depois de um dia carregado de emoções, estavam todos sentados na varanda, observando o pôr do sol. Maria José se aproximou e abriu *O Evangelho Segundo o Espiritismo* ao acaso e leu o seguinte trecho:

PARENTESCO CORPORAL E PARENTESCO ESPIRITUAL[2]

Os laços de sangue não determinam necessariamente os laços espirituais. O corpo gera o corpo, porém, o Espírito não é gerado pelo Espírito, porque já existia antes da gestação do corpo. Não foram os pais que geraram o Espírito de seu filho, eles apenas forneceram-lhe um corpo carnal. Além disso, devem ajudá-lo no seu desenvolvimento intelectual e moral para fazê-lo progredir.

Os espíritos que encarnam numa mesma família, principalmente como parentes próximos, são

---

2. KARDEC, Allan. *O Evangelho Segundo o Espiritismo*. Capítulo 14, item 8. Aconselhamos a leitura de todo o capítulo 14 "Honrai Vosso Pai e Vossa Mãe" (N.M.).

quase sempre ligados por laços de simpatia, unidos por relações anteriores que são demonstrados na afeição mútua durante a vida terrena. Pode acontecer, também, que esses Espíritos sejam completamente estranhos uns aos outros, separados por antipatias igualmente anteriores, que se manifestam por suas aversões na Terra, e elas servirão de provações entre eles. Portanto, os verdadeiros laços de família não são os da consanguinidade, mas sim os da simpatia e da afinidade de pensamentos que unem os Espíritos antes, durante e depois da encarnação. É assim que dois seres nascidos de pais diferentes podem ser mais irmãos pelo Espírito do que se o fossem pelo sangue. Eles se querem, se procuram, sentem prazer em estar juntos, enquanto dois irmãos consanguíneos podem repelir-se, como, aliás, se vê todos os dias, questão que só o Espiritismo pode explicar pela pluralidade das existências.

Há, portanto, duas espécies de famílias: as famílias por laços espirituais e as famílias por laços corporais. As primeiras, duráveis, fortificam-se pela purificação e prosseguirão no mundo dos Espíritos, por meio das muitas migrações da alma; as segundas, frágeis como a própria matéria acabam com o tempo e, muitas vezes, se desfazem moralmente já na existência atual. Foi isto o que Jesus quis ensinar naquele momento dizendo aos seus discípulos:

"Eis minha mãe e meus irmãos, ou seja, minha família pelos laços dos Espíritos, pois, quem quer que faça a vontade de meu Pai que está nos Céus é meu irmão, minha irmã e minha mãe".

A hostilidade de seus irmãos está claramente expressa no relato de São Marcos, que diz terem eles a intenção de prender Jesus sob o pretexto de que estava fora de si. Jesus, informado da chegada de seus parentes e sabedor do que pensavam a seu respeito, aproveita a oportunidade para transmitir aos seus discípulos o ensinamento sobre o ponto de vista de família espiritual: "Eis meus verdadeiros irmãos" e como sua mãe estivesse entre eles, generaliza o ensinamento. Não devemos de nenhuma forma entender, entretanto, que sua mãe, segundo o corpo, não Lhe era nada como o Espírito, ou que tinha por ela indiferença; sua conduta, em outras ocasiões, comprova suficientemente o contrário.

E continuou:

— Quando Irina e Armando aqui estiveram pela primeira vez, para olhar nossas terras, senti um pouco de raiva; afinal, ficariam com tudo o que levamos uma vida toda construindo. Mas Antônio desabafou nossa dor com o casal e eu senti que eles compreenderam. Agradeci a Deus por estar errada em meus sentimentos e, naquele momento, percebi que ficaria muito feliz se eles viessem para cá. Então, nos contaram sobre o plano e eu me encantei. Antes de partirem, Irina me deu este livro *O Evangelho Segundo o Espiritismo* e disse lindas palavras de conforto. Cresci dentro da religião católica, acreditando que só temos esta chance de fazer algo em nossa vida. Quando meu filho, minha nora e meus três netos se foram, perdi toda a vontade de viver. Agora, ao ler esses ensinamentos de Cristo, entendendo de uma maneira mais caridosa e bondosa a sequência da vida, sinto renascer dentro de mim a esperança. Quando Irina me deu o livro, disse-me que quando precisasse de algum aconselhamento que o abrisse a esmo, que a resposta estaria lá. Dê-me sua mão, Antônio, você falou que faria o que eu decidisse, por essa razão pedi a Deus para decidir por mim. Obrigada, meus filhos, acabei de receber minha resposta.

Os doze amigos pularam de onde estavam sentados e correram para abraçar o casal.

Deus reúne suas ovelhas em um rebanho coeso e uniforme, por mais que eu viva e observe tudo o que gira ao meu redor, nunca deixarei de me admirar pela sabedoria de meu Pai.

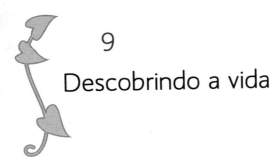

9
Descobrindo a vida

A casa estava em silêncio. Todos descansavam depois de um dia emocionante, cheio de descobertas e recomeços. Nossos amigos, felizes, sorriam em sonhos de um novo amanhã. Contudo, Rebecca não conseguia dormir. Agitada, virava de um lado para o outro da cama. Por fim, resolveu levantar e caminhar pelo jardim até que o sono chegasse.

Desceu as longas escadas com cuidado para não fazer barulho nem acordar os amigos. Abriu, vagarosamente, a porta e encontrou com Heitor sentado em um degrau da escada, observando o céu estrelado.

— Também não conseguiu dormir?

— Não. Revirei toda a cama e aqui estou, observando esse céu maravilhoso.

— Heitor... vamos andar pela casa? — Rebecca perguntou com o conhecido olhar de quem iria aprontar alguma.

— Andar pela casa? — perguntou Heitor, olhando-a de lado.

— É, já que vamos morar aqui, e isso é imenso, precisamos explorar tudo, não é?

— Explorar? Ah! Eu tinha certeza de que você não ia conseguir dormir, sabia que o bichinho da curiosidade ia comer seu pé e sua cabeça. Lá do meu quarto estava ouvindo seus pensamentos. Será que o Heitor vai dormir mesmo, será que também não quer descobrir se realmente aqui é o tal lugar dos meus sonhos etc.

— Você andou invadindo minha privacidade, nós combinamos não fazer mais isso, só quando estivéssemos de acordo.

— Não li seus pensamentos, não. Só que eu os conheço. E, além do mais, também estou curioso. Está satisfeita agora?

Brincando, Rebecca ameaçou lhe aplicar alguns tapas, que acabou em cócegas e gritos.

— Cale a boca, seu bobo. Quer acordar todo mundo? Vamos à nossa exploração noturna, senão daqui a pouco amanhece e nós não descobrimos nada.

— Daqui a pouco amanhece? São apenas dez horas da noite, você não está querendo ver o dia amanhecer, acordada, não é?

— Ah! Larga de ser engraçadinho e vamos logo.

— Por onde começamos? Nossa! Você trouxe até uma lanterna!?

— Pela cozinha, que é atrás da despensa e tem passagem para os corredores secretos, bom... isso segundo meus sonhos.

— Do jeito que você fala, parece até que é a mesma casa.

— Você olhou a estátua do anjo? Não se lembra de que lhe falei dela em meus sonhos?

— Não, realmente não vi nenhum anjo. Só tinha uma menina travessa, que mais lembrava uma alma penada correndo atrás de passagens secretas e que vivia comendo macarrão.

— Posso saber por que tanta implicância com o meu macarrão?

— Ele é uma papa, molenga, gruda nos dentes, tá?

— Você é um chato, mas come mais que eu, não é?

— Dizem que o ser humano se adapta a tudo.

— Heitor, cale a boca!

— Ah! Consegui, você ficou irritada, agora posso provar que fica vermelha quando está nervosa.

— Você é um tonto, não vai provar nada, na cozinha não tem espelho.

— Que pena, vou ter de fazer de novo — brincou Heitor dando uma gostosa gargalhada.

Rebecca segurou sua mão e o puxou rapidamente pela escada que ia para a despensa, que ficava no porão. Na porta da cozinha, Sílvio os observava sorrindo, gostava do jeito de moleques dos amigos.

— Ei... olhe onde pisa, senão vai acabar caindo. Vá mais devagar e... não me puxe desse jeito.

— Credo, Heitor, você está parecendo um velho resmungão.

— Olhe ali, atrás daquele armário de madeira! Vamos tentar afastá-lo. Fique do outro lado.

— Nossa, Heitor, é muito pesado, nós não vamos conseguir. Tente olhar atrás e ver alguma coisa.

— Não dá, Rebecca. A lanterna é muito fraca. O que será que tem aqui dentro? Veja se não está trancado.

— Está aberto, são garrafas de vinho; se tirarmos é possível que consigamos afastar o armário da parede.

— A lanterna está muito fraca, vai acabar a pilha e nós vamos ficar perdidos pelos corredores. Voltamos amanhã mais equipados.

— Contamos aos outros ou esperamos que durmam para depois continuarmos nossa exploração?

— Vamos ter certeza primeiro, depois contamos, está bem? Além disso, pode ser um surto psicótico de sua cabeça. Agora vamos dormir. Ah! A propósito, estou pensando seriamente em pedi-la em casamento, sabia?

— O quê? Nós nem namoramos.

— Isso é outro problema, e agora estou com sono, vamos subir.

— Você é louco!

— Mas você não viveria sem mim, não é?

— E você, viveria sem mim?

— Com certeza não vejo minha vida sem você.

Dizendo isso, Heitor a olhou com muito carinho. Rebecca, timidamente, acariciou seu rosto com delicadeza. Subiram as escadas de mãos dadas e sorrindo se despediram.

O dia seguinte amanheceu glorioso. O sol iluminava cada recanto daquele lugar abençoado por tanto bem-querer. Durante o transcorrer do dia, Antônio e Maria José mostraram toda a fazenda com muita alegria. Cada vez mais encantados com o local, os amigos solicitaram ao casal permanecerem por mais alguns dias para discutirem a melhor maneira de encaminhar as coisas ligadas à parte prática do negócio.

Apesar de Antônio insistir em nada receber pelo arrendamento das terras e suas benfeitorias, o grupo de amigos não considerou justo. Ficou acertado que o arrendamento seria feito a partir de certa quantia mensal, se o casal quisesse aplicar a receita recebida no atendimento aos menos favorecidos seria sua opção.

No fim da tarde, antes do jantar, todos se reuniram novamente na varanda que circundava a casa, desfrutando a paz e a beleza daquele momento.

— Meninos, o jantar já está pronto. Irina, fiz uma sopa de mandioquinha com pequenos pedaços de carne, a mesma sopa que você tanto gostou da outra vez — falou Maria José.

— Ah! Assim vamos ficar com ciúmes, hein?! Também queremos ser mimados — Sílvio falou em tom de brincadeira.

— Por isso não, graças a Deus daqui para a frente terei a oportunidade de descobrir o gosto de cada um e atender a todas as vontades.

Todos entraram em casa felizes. Quem visse pela primeira vez aquelas catorze pessoas juntas, num relacionamento tão fraterno, teria certeza de pertencerem à mesma família de nascimento. Quando Maria José leu o trecho de *O Evangelho Segundo o Espiritismo* que falava sobre o parentesco espiritual, senti dentro de meu coração uma grande alegria.

Se somos todos filhos do mesmo Pai, somos todos parentes espirituais. Haverá, no futuro, um dia em que todos nós estaremos juntos e felizes em uma só família, sentados ao lado do nosso Pai. Naquele mesmo momento, sentindo cálido sentimento de paz, olhei ao meu redor e vi quantos amigos desencarnados também se encontravam ao nosso redor. Éramos anjos da guarda velando por aquela família. Confesso que lágrimas escaparam por meus olhos. Envergonhado, tentei escondê-las. Foi grande minha surpresa ao perceber que todos estávamos chorando.

Depois do jantar, novamente o grupo se reuniu na varanda para conversar. O tempo foi passando entre silêncios e conversas edificantes, até que...

— Preciso lhes contar uma coisa que muito me incomoda. Desde aquele dia, quando expusemos a intenção de trabalhar com drogados, esse mal-estar cresceu cada vez mais — falou Cléber.

— Meu bem, se não estiver se sentindo bem em falar sobre o assunto, não precisa — interveio Celina.

— Não, Celina. É um assunto muito sério e tenho certeza de que nossos amigos entenderão — respondeu Cléber.

— Cléber, acredito que as minhas palavras podem ser estendidas a todos os outros. Tenha certeza de que sempre encontrará em todos amizade, compreensão e muito amor — falou Filipe.

— Acredito em vocês. Apenas não mencionei o assunto antes porque não estava preparado, mas agora sei que minha triste experiência servirá para ajudar outros que passam pelo mesmo que eu passei, e, acreditem, o inferno não pode ser pior. Quando eu tinha dois anos de idade meus pais morreram em um desastre aéreo. Ambos eram filhos únicos. Um casal de amigos solicitou a minha tutela ao juiz. Meus pais eram pessoas de posses financeiras invejáveis. Com o correr do tempo ficou provado que o único interesse de Adélia e Fernando era exatamente esse, o dinheiro.

— E seus avós, Cléber, não eram vivos? — perguntou Maria José.

— Meus avós paternos e minha avó materna já estavam mortos, meus pais se casaram com idade já avançada. E meu avô Celso, pai de minha mãe, estava internado em uma clínica em estado terminal, sofria de câncer hepático. Eu não tinha parentes próximos, ninguém que solicitasse minha tutela. Fernando tomou conta da empresa de meus pais e Adélia vivia para o luxo e as festas. Aos onze anos, na escola, juntei-me a uma turminha brava; passei a bagunçar; não estudava mais; ingeria bebidas alcóolicas e fumava maconha. A direção da escola chamou meus tutores e ameaçou informar ao Juizado de Menores, caso eles não tomassem providências para controlar a situação.

— E eles fizeram o que deviam fazer? — perguntou Rebecca.

— Pelo menos a parte prática sim. Fui levado a médicos, psicólogos e, para facilitar a vida dos dois, fui colocado em um colégio interno. Poucas vezes me visitavam ou mesmo perguntavam se eu precisava de algo. Aos dezoito anos, saí do colégio e voltei para a minha casa, mas eles tinham tomado conta de tudo e eu me sentia um intruso. Por fim, prestei vestibular e passei a estudar Odontologia. Quando estava no segundo ano e próximo à maioridade, um antigo funcionário de confiança de meu pai, um contador muito honesto e digno, foi me visitar com o intuito de alertar-me quanto aos meus tutores, que, segundo desconfianças dele, estavam desviando dinheiro das empresas, o que logo causaria a falência.

— Que absurdo, Cléber. Além de viverem nas suas costas por todos esses anos, o estavam roubando? — perguntou Antônio.

— Quando o senhor João me procurou, achei que ele estivesse exagerando, pois quando meus pais se foram, de chefe da contabilidade ele passou a ser apenas um simples funcionário. Naquele momento, confesso que achei que poderia ser invenção dele para que eu perdesse a confiança em meus tutores. Mas a dúvida ficou martelando. Assim, pedi a um amigo, cujo pai era advogado, para solicitar uma auditoria nas empresas. O susto foi grande, pois as empresas estavam devendo até os impostos, e meus tutores estavam riquíssimos. Quando fiz vinte e um anos, passei a ser responsável por todas as dívidas provocadas pelo desvio criminoso do capital. Minha vida virou um inferno, mas tive a sorte de estudar em universidade federal e contar com a simpatia da família de meu amigo, que me acolheu como um filho. O doutor Pascoal, meu advogado, até hoje luta para provar as falcatruas de Fernando e Adélia. Ele me garante que logo poderei reaver parte de minha herança, pois uma boa porcentagem já está perdida. No período em que descobri os problemas que teria a enfrentar, o assédio constante de cobradores, a maledicência de muitos, apesar do apoio de meus amigos, fiquei muito deprimido e passei a beber muito. Aos poucos, entrei no mundo das drogas e me tornei um viciado. Deixei de frequentar a universidade, fiquei desrespeitoso com os que me amavam e apoiavam, mas nem por isso Cláudio, dona Célia, o doutor Pascoal e Celina me abandonaram. Pelo contrário, cada vez mais se faziam presentes em minha vida;

cuidavam de mim com amor e compreensão e nunca me acusaram de meus desmandos. E eu, cada vez mais, afundava no mundo das drogas.

— Deve ter sido horrível, Cléber — comentou Sônia.

— Foi sim. Um dia, sem dinheiro, desesperado por drogas, eu chorava e gritava dentro de meu quarto. Não havia ninguém em casa. Pensei em roubar qualquer coisa da casa para trocar por drogas. Foi o pior dia de minha vida. Mas, apesar de todo o sofrimento, não tive coragem de roubar aquelas pessoas que tanto me amavam. Sem opção, resolvi me matar. Entrei no banheiro com uma faca na mão, enchi a banheira de água, tirei toda a roupa e ia cortar os pulsos quando Celina entrou correndo e pálida.

— Como ela soube o que ia fazer? Você não disse que não havia ninguém em casa? — perguntou Maria José.

— Eu estava na faculdade quando tive uma leve vertigem, como se fosse cair. Fechei os olhos e vi Cléber em meio a uma poça de sangue, sofrendo muito e chorando com desespero. Senti que ele precisava muito de mim, vi seu desespero e saí correndo, deixando para trás minha bolsa, meus livros, tudo... Quando cheguei a casa, senti um grande mal-estar e quase caí ajoelhada de tão forte a impressão, o ar estava gelado e com um odor estranho. Lutei contra aquele torpor que foi tomando conta de mim, mas me lembrei de Jesus Cristo e pedi a ele que seguisse na minha frente e me conduzisse os passos. Uma força muito grande tomou conta do meu ser; subi correndo em direção ao banheiro e vi Cléber colocando a faca no pulso — contou Celina.

— Quando a vi entrando, assustei-me e joguei longe a faca longe. Ela se aproximou chorando e me abraçou com muito amor. Ajudou-me a sair da banheira, enxugou-me, vestiu-me, e disse que íamos sair. Pegou-me pelas mãos, levou-me até o carro e saímos pelas ruas. Quando me dei conta do que estava acontecendo, fiquei apavorado, senti como se o mundo se abrisse sob os meus pés e me tragasse direto para o inferno — continuou Cléber, fazendo uma pausa para controlar a emoção.

— O que aconteceu para você se assustar tanto? — perguntou Armando.

— Celina estava no pior ponto de tráfico de drogas da cidade, negociando com um dos piores traficantes. Ela estava comprando drogas para mim e exigia do indivíduo que fosse de boa qualidade. Eu fiquei paralisado e envergonhado diante daquilo. Ela pegou a droga, entrou no carro, abriu minha mão e a colocou lá, dizendo-me: "Se é isso que o faz tão feliz, aí está. Mas de hoje em diante eu compro sua droga e você vai usá-la na minha frente e olhando nos meus olhos. Se acha que isso é o certo para você, então não precisa esconder de ninguém. Está claro?". Eu não disse uma palavra, abri a porta do carro, dirigi-me ao traficante e disse a ele que fizesse bom uso daquela porcaria — contou Cléber.

— Depois desse dia, Cléber resolveu se ajudar e aproveitar a bondade de Deus. Meus pais e meu irmão sempre foram espíritas, e eu sempre dizia que isso não passava de crendice. Não acreditava no mundo espiritual. Contudo, naquele dia me foi provado como podemos ser tolos por não entender quão grande é a bondade do Senhor, que sempre nos acompanha. Passei a frequentar o Centro Espírita com os meus pais e, aos poucos, Cléber nos acompanhou — falou Celina.

— Hoje tenho a sorte de ter ao meu lado essa mulher excepcional. Graças à sua força e ao seu amor, consegui sobreviver e reconstruir o meu mundo. Mas, sair do inferno que nós mesmos criamos em nossa vida, é muito difícil e doloroso. Hoje sei que sou um viciado em drogas químicas, apesar de não ser mais ativo, sei que sempre serei um dependente químico. Cada dia que amanhece é uma vitória por ter resistido à tentação. Será a luta de uma vida inteira, será uma luta de titãs, mas vale cada minuto de paz. Por saber exatamente o que

SÓ O AMOR PODE VENCER 115

sofre um viciado, sinto-me capacitado a ajudá-los.

Aprendi estudando a Doutrina Espírita que nada acontece por acaso, e se estou aqui com vocês neste recomeço, é porque serei capaz de cumprir minha parte — finalizou Cléber.

Celina o abraçou carinhosamente e com muito amor acariciou seus cabelos. Sabia o quanto tinha sido difícil para Cléber relembrar aqueles momentos de sofrimento. Levantando os olhos, ele, receoso, olhou os amigos nos olhos, um a um, e encontrou apenas um sorriso de paz e amizade.

Depois de todos estarem dormindo, Rebecca e Heitor, munidos de novas lanternas, agasalhados e cheios de curiosidade, voltaram ao porão em busca de respostas. Esvaziaram o armário, que estava cheio de garrafas de vinho, e mais uma vez tentaram afastá-lo da parede. Depois de várias tentativas, conseguiram o objetivo. Iluminando o espaço entre a parede e o armário, descobriram que realmente existia uma passagem para os corredores de pedra. Olharam-se assustados e entraram na escuridão daquele lugar poeirento e cheirando a mofo. Caminharam de mãos dadas e percorreram velhos e conhecidos lugares.

Desceram os cinco degraus que os levaria à entrada da biblioteca proibida. Pararam diante daquela pedra gasta e marcada pelo tempo e pelo toque de tantas almas.

Perplexos, ficaram ali parados, apenas olhando e relembrando os últimos tempos. Cheios de medo e ainda incrédulos, retrocederam em seus passos, incapacitados de enfrentar seus temores.

Apesar dos últimos acontecimentos, dos sonhos tão reais e ricos em detalhes, bem lá no fundo eles acreditavam ser apenas fruto da imaginação.

10
Redescobrindo o poder da vida

Um novo dia raiou naquele lugar abençoado. O canto das aves, o barulho do vento nas folhas das árvores, o cheiro do café fresco e do pão quente acordaram nosso grupo de amigos.

Um a um se vestiram e desceram para a sala de refeições. Animados, preparavam-se para um novo dia. Sentaram-se à mesa, e todos ao mesmo tempo olharam para Heitor e Rebecca.

— Hum!? Vocês estão com cara de pessoas que aprontaram alguma arte e depois não dormiram de remorso — falou Sílvio sorrindo.

— É, é mais ou menos isso — respondeu Rebecca.

— O que vocês fizeram? — perguntou Celina.

— Sílvio, sabe aquela história que contamos a vocês sobre recordar outra vida?

— Lembro-me sim, Rebecca. Inclusive estamos estudando sobre esse assunto — respondeu Sílvio, sempre sorrindo.

— Pois é, quando chegamos a esta fazenda, precisamente a esta casa, eu e Heitor tivemos a impressão de conhecê-la. Principalmente depois que eu vi a fonte que existe no jardim de entrada, aquela do anjo — contou Rebecca.

— Então, eu e Rebecca fizemos uma pequena excursão pela casa durante a primeira noite em que estivemos aqui, e, exatamente onde nós desconfiávamos existia uma entrada para corredores escondidos, que rodeiam a casa — falou Heitor.

— Mas estávamos sem lanternas suficientes para entrar nessa aventura e também pouco agasalhados, então resolvemos deixar para a noite passada — falou Rebecca.

— E por que não nos contaram sobre essa descoberta? — perguntou Filipe.

— Desculpem, mas pensamos que poderia ser invenção de nossa cabeça. A passagem que descobrimos é muito comum nesse tipo de construção. Decidimos que era mais coerente termos certeza do que poderíamos encontrar — respondeu Heitor.

— E então, parem de suspense e nos digam o que encontraram — falou Irina, muito ansiosa.

— Nós encontramos os corredores das recordações de Rebecca. Ela sabia exatamente aonde ir e quais direções tomar para chegarmos à biblioteca. Nós a encontramos, ou melhor... acreditamos ser o local, porque encontramos a mesma pedra na parede — respondeu Heitor.

— Mas não tivemos coragem de entrar, ficamos ali parados e apavorados — acrescentou Rebecca.

— Então vamos todos juntos?! — falou Sílvia, já se levantando da cadeira.

— Primeiro vocês vão se alimentar. Se esse lugar existe mesmo, está ali há séculos e não é hoje que vai desaparecer. Então, tomem o café com calma e resolvam quem vai descer primeiro para ver se não há perigo algum. O local está fechado há muito tempo, pode ter bichos e outros perigos que vocês desconhecem — disse Maria José.

— Maria José tem razão, meus filhos. É melhor um grupo descer primeiro para avaliar o local. Depois, fazemos uma limpeza para ter certeza de que não há nenhum perigo, principalmente por causa de Irina, pois, com certeza, a sujeira, o pó e o cheiro de mofo lhe farão mal — acrescentou Antônio.

— Está bem, vamos Heitor, Rebecca, Sônia e eu — falou Sílvio.

Todos concordaram e passaram a se alimentar, conversando sobre o assunto. Estavam curiosos sobre o que encontrariam naquele local, inclusive Rebecca e Heitor. Apesar de estarem seguros de suas recordações, sentiam-se bastante inseguros quanto à veracidade de tudo o que tinham vivido nos últimos tempos.

Acreditavam que o que mais os encantava era terem encontrado um novo caminho para suas aspirações, o Evangelho de Jesus Cristo e o entendimento da grandeza da vida.

Sílvio, Heitor, Rebecca e Sônia se dirigiram ao porão, silenciosos, cada qual imerso em seus próprios pensamentos, mas, certamente, todos ansiosos por descobrir os segredos daqueles corredores. Os quatro amigos desceram os degraus que os levariam direto à entrada da biblioteca. Rebecca se adiantou, e com a mão direita espalmada sobre a pedra, fez uma oração em voz alta, pedindo proteção a Deus e que Ele os iluminasse, para que pudessem usar de maneira correta os conhecimentos ali armazenados. Lentamente, empurrou a pedra e um estalido seco e longo se ouviu. A passagem se destacou das pedras e Heitor se adiantou e empurrou a pesada porta. Diante de seus olhos o passado se fez presente.

— Deus meu, até este momento tinha dúvidas a respeito de tudo isso. Agora está tudo aqui — Sílvio comentou emocionado.

Rebecca e Heitor se abraçaram, enquanto grossas lágrimas teimavam em cair de seus olhos. Sônia, encantada, passou a observar tudo, seus olhos brilhavam de alegria.

— Meus amigos, isto é fantástico. Estamos diante de um pedaço da história da humanidade, até hoje obscuro, por falta de informações corretas e precisas. Vocês já pensaram que aqui dentro temos a nosso dispor uma quantidade de informações e conhecimentos antigos perdidos há muito tempo? Costumes descritos por pessoas que aqui viveram, histórias de uma época cheia de mistérios e tanto sofrimento para tentar mudar ideias arcaicas e que tanto faziam sofrer a outros. Tudo isso é um sonho — comentou Sônia.

— Para nós é a certeza da bondade de nosso Pai, a certeza da continuidade de nossa vida, o reencontro com as pessoas a quem amamos, a possibilidade de consertar erros e aprender mais. Mas, principalmente, saber usar todo o conhecimento adquirido de maneira correta, digna e caridosa — retrucou Heitor.

— Não terei mais medo da vida, do futuro, de ficar novamente sozinha, pois neste momento aprendo que a vida não tem fim; o futuro é ilimitado e sempre temos ao nosso lado quem nos ama. Sofri muito vivendo escondida e sozinha por esses corredores, pois não soube sentir a bênção de nosso Pai. Poderia ter feito muito mais pelo meu povo, mas me fechei em minha dor e na autocompaixão. Agora descubro que novamente me é dada a chance de crescer diante do Senhor. E essa será minha meta de vida. E, Heitor... aceito seu pedido de casamento — completou Rebecca.

Todos a olharam emocionados. Heitor a abraçou com muito amor e a beijou com doçura.

A partir daquele dia, nossos amigos se dedicaram a preparar a mudança definitiva de todos para a fazenda. Cada qual resolvendo problemas de uma fase da vida que seria deixada para trás. Em poucos meses, todos estavam instalados e trabalhando na nova casa. Heitor conseguiu residência médica em uma cidade vizinha e todos os outros, já formados, porém sempre estudantes, ávidos de conhecimentos, passaram a organizar seus afazeres.

A região carente de bons profissionais, logo tomou conhecimento daquela pequena comunidade que prestava serviços a todos.

Uma das primeiras tarefas que se propuseram fazer foi encontrar espaço adequado para atender aos dependentes químicos.

— Muito bem. Atrás do pomar existe um recanto muito bonito, fica à beira da cascata e é cheio de flores... podemos fazer um alojamento ali. Estive sentado ali durante toda a manhã. A paz é palpável, senti uma vibração de amor e fraternidade. Acredito ser o lugar ideal — falou Filipe.

— É verdade, estive ali com Filipe e me senti muito bem, descansada e aliviada das preocupações do dia — acrescentou Sônia.

— Quanto à parte da alimentação, as dependências da cozinha são espaçosas e a sala de refeição é enorme. Eu e o Flávio fizemos um projeto para aproveitamento do local. Acreditamos que se os móveis, as mesas e as cadeiras ficarem dispostos como um refeitório, poderemos atender até cem pessoas de cada vez — falou Sílvia.

— Isso é muito importante, pois os internos vão precisar fazer atividades conjuntas com todos nós. Eles não serão tratados de maneira diferente de ninguém, apenas estão doentes e precisam de cuidados especiais — completou Sílvio.

— Devemos ter programados aulas de evangelização, grupos de terapia e, principalmente, atividades físicas que se tornem úteis à comunidade — falou Rebecca.

— Sou um bom marceneiro; podemos montar uma oficina, teremos duas vantagens: ensinamos uma profissão aos que se interessarem, fabricamos nossos próprios móveis e o excedente pode ser vendido para ajudar nas despesas — falou Antônio.

— Costura, bordado, tricô e crochê são minhas especialidades. Coloco-me à disposição para ensinar as meninas que aqui aparecerem. E tenho boas amigas que estão reclamando de não terem o que fazer. Vou convidá-las para nos ajudar, tenho certeza de que ficarão felizes — continuou Maria José.

— Quanto à agricultura, posso orientá-los, eles aprenderão a cuidar da terra, plantar, colher e reconhecer os diversos tipos de solo. Posso lhes falar sobre o respeito à natureza, os meios que temos de reconstruir nosso planeta, recuperando solos esgotados pela falta de conhecimento de alguns, reflorestamento de áreas e um sem número de outras coisas — ofereceu-se Armando.

— Quanto a mim, trabalharei com gado, cavalos, lagos de peixes, visando a suprir nossas necessidades de consumo, comercializando o excedente e ensinando a nossos amigos uma profissão. Também podemos criar animais de estimação, que doaremos a pessoas amorosas — disse Irina.

— Quanto a mim, cuidarei da saúde física de todos, ensinando hábitos de higiene — falou Heitor.

— Eu vou cuidar da saúde bucal, com certeza. E entre nossos novos amigos, treinarei os interessados no instrumental, pois isso será de grande valia — comentou Cléber.

— Quanto à educação, eu e Celina já temos um projeto formado. Trataremos cada caso individualmente, e, de acordo com o grau de aprendizagem já existente de cada um, daremos prosseguimento — informou Sônia.

— Eu e Rebecca cuidaremos da saúde mental e emocional, com programas de terapia individual e em grupo. Mas o mais importante é a assistência espiritual. Nós fizemos um projeto de usarmos as salas da ala direita da casa para isso; teremos sala de evangelização, de estudos da Doutrina Espírita, de atendimento e encaminhamento, de tratamento espiritual e de desobsessão. No térreo ficará o auditório para cursos e palestras. O que acham? — questionou Sílvio.

— Maravilhoso, mas precisamos da ajuda de um engenheiro. Vocês não acham? — perguntou Heitor.

Já entrei em contato com alguns, amanhã o senhor João deverá vir nos visitar para conhecer o local — avisou Rebecca.

— Muito bem, agora chega de papo e vamos jantar, senão a comida esfria — chamou Maria José.

No dia seguinte, bem cedo, Antônio ouviu o barulho de um carro. Encaminhou-se para a alameda que dava acesso ao jardim que enfeitava a entrada da casa e avistou um automóvel parado. Dele, desceu um casal aparentando quarenta anos; pessoas de aspecto agradável, sorridentes, olhos de um azul indescritível, com um brilho de amor que contagiava tudo e todos.

— Bom dia, senhor. Meu nome é João e esta é minha esposa Irani. Marcamos com Rebecca de encontrar um grupo de pessoas para falar sobre reformas na propriedade.

— Sejam bem-vindos, João e Irani. Entrem, não façam cerimônia. Os meninos já estão descendo para tomar café. Vocês são nossos convidados. A propósito, meu nome é Antônio.

Antônio encaminhou o casal e os apresentou ao grupo que se encontrava reunido na sala de refeição. A conversa transcorreu com facilidade; o casal visitante, aos poucos, parecia fazer parte daquela mesa havia muito tempo. Sílvio explicou aos novos amigos os planos de trabalho e o atendimento que pretendiam colocar em prática. João e Irani abaixaram a cabeça com muita tristeza no olhar.

Irani levantou os olhos cheios de lágrimas e falou:

— Temos três filhos: Carlos, de vinte anos, que está no segundo ano de Direito; Ricardo, de dezoito anos, que se prepara para o vestibular de Medicina e Renato, de dezesseis anos, que, infelizmente, não quer saber de nada da vida. Aos quinze anos, resolveu parar de estudar e nada do que fizemos, o demoveu dessa ideia. Seus amigos não agradam a nós, são pessoas sem bons conceitos morais. Há alguns dias fomos chamados de madrugada, era a emergência de um hospital. Cinco jovens haviam sofrido um acidente de carro por imprudência, e Renato estava entre eles. Depois, foi constatado que os meninos estavam drogados. Todos são usuários de cocaína e *crack*.

— Levamos nosso filho para casa depois de cinco dias de internação e conversamos muito com ele sobre o assunto. Disse-nos ter sido a primeira vez que usara aquelas drogas. Confessou ser usuário de maconha, mas não acreditamos. Confesso estar sem noção de como agir, a quem recorrer, o que fazer — completou João.

— Consultamos um médico de confiança que nos orientou a procurar um grupo especializado no tratamento de dependentes químicos. Mas estou assustada para conduzir com serenidade essa situação — falou Irani.

— Se o projeto da reforma que farei for aprovado, posso trazer meu filho para cá? Vocês poderiam fazer o favor de avaliá-lo sobre as reais necessidades para a sua recuperação? — perguntou João.

— Seria ótimo ajudá-los e, como vocês moram um pouco longe, durante o tempo que demorar as obras poderão ficar conosco — convidou Sílvio.

— Nesse tempo, João, nossos filhos Carlos e Ricardo poderão ficar com meus pais. Eles adoram os meninos — decidiu Irani.

— Calma, Irani, ainda nem fiz o projeto —
João falou sorrindo.

O casal passou o fim de semana discutindo as
modificações a serem feitas para adequar o local
às novas necessidades. Ficou acertado que as obras
deveriam ser iniciadas de imediato. João e Irani
partiram felizes e com o coração repleto de novas
esperanças. O grupo de amigos reunidos na entrada da casa viu o carro se distanciando e Antônio comentou:

— Rebecca, quantos engenheiros você convidou para visitar a fazenda e fazer o projeto de
reforma?

— Ah! Senhor Antônio, que confirmaram vir
foram cinco. Por quê?

— Só veio o João e a Irani, necessitados de
ajuda para o filho, que vocês podem ajudar. E
quanto a nós, precisamos de seu trabalho. Além
disso, ele aceitou nossos projetos com confiança.
Vocês ainda acreditam no acaso? — dizendo isso
entrou na casa sorrindo.

11
Resgatando dívidas

As obras na propriedade estavam a todo vapor. Nossos amigos tinham seis jovens para serem reencaminhados na própria vida, filhos de colonos da Casa do Senhor ou trabalhadores da região; pessoas muito simples e desesperadas, que não sabiam como controlar a situação que agora se apresentava em sua vida. Entre eles, Renato, filho de João e Irani. Provisoriamente, os jovens moravam na casa-grande, pois o alojamento ainda estava em construção.

Irani e João adaptaram-se com facilidade ao grupo; trabalhavam muito e com boa vontade, e sempre comentavam terem encontrado na nova casa o local certo de sua vida. Os outros dois filhos iam visitá-los e também se tornaram parte do grupo.

A região onde se localizava a fazenda beneficiava-se com o trabalho da equipe, que oferecia orientação aos agricultores e criadores da região, por meio de um serviço de cooperativa fundado em benefício da comunidade. Irina estava no sétimo mês de gestação. Armando não cabia em si de contentamento e esperava a chegada do filho com muito amor. Quanto à biblioteca proibida, passou a ser sede de estudos de todos os nossos amigos; o material ali existente era farto e de interesse científico. Certo dia, Rebecca, em busca de cura para uma praga encontrada nos laranjais da fazenda, desceu sozinha. Em frente à porta secreta, parou e sentiu um mal-estar muito forte; era como se todo o corpo gelasse, como se o sangue tivesse congelado nas veias. Paralisada, ela não conseguia se mover, e grossas lágrimas de medo escorreram pelos seus olhos. Sua mente, possuída por um turbilhão de pensamentos desconexos, imagens loucas e terríveis, tentava se fixar em algo; Rebecca procurava em sua memória alguma recordação que a fortalecesse e a livrasse daquele cativeiro mental. Exausta, tombou ao chão.

Heitor terminava de atender um colono da fazenda vizinha que fora em busca de ajuda após cortar o pé com a foice. Ele também sentiu um mal-estar muito forte. Um odor fétido de carne em decomposição chegou à sua narina, provocando-lhe ânsia de vômito. Ao olhar para o corte profundo no pé do colono, pensou ver a carne apodrecendo e sendo comida por larvas. Apavorado, fechou os olhos e viu Rebecca caída no chão em frente à porta da biblioteca.

Preocupado, chamou Antônio para que terminasse o curativo do doente e pediu que Sílvio fosse encontrá-lo na biblioteca. Correu como louco por aqueles corredores, pois sabia que Rebecca corria perigo; tinha certeza de que precisava tirá-la daquele lugar.

— Rebecca, Rebecca, por favor, fale comigo — chamou Heitor, pálido.

— Heitor, o que houve, o que Rebecca tem? — perguntou Sílvio, chegando correndo.

— Não sei, eu estava atendendo um doente quando senti que ela corria perigo, pois a vi aqui caída, da mesma maneira como você a vê agora.

— Venha, vamos tirá-la daqui. Lá em cima o ar é mais puro e a luz melhor para examiná-la — pediu Sílvio.

Nesse momento, os dois amigos se olharam assustados, pois ouviram um grito de ódio, que mais se assemelhava ao urro de um animal ferido.

— Vamos, Heitor, não pare. Feche sua mente à ira dessa criatura; temos de voltar à casa fazendo uma prece por ele — aconselhou Sílvio.

A partir daquele dia, coisas estranhas passaram a acontecer com nossos amigos e todos os moradores da fazenda. Foi quando nos foi pedida ajuda. Inácio, mentor espiritual de Cléber, veio nos procurar.

— Bom dia, Maurício, lembra-se de mim?

— Certamente, meu amigo, você faz parte do grupo da fazenda Casa do Senhor, não é verdade?

— Isso mesmo. Comprometi-me com Cléber e o acompanho nesta encarnação, pois é grato amigo de outras vidas.

— O que faz por aqui? Visitando os amigos?

— Antes fosse, Maurício. Venho em busca de ajuda para nossos amigos. Estou muito preocupado com as coisas que vêm acontecendo por lá. Fui à procura do senhor Mauro, mas me informaram que ele está em uma missão muito importante. Desalentado, pedi informação a quem deveria recorrer, e Venâncio me informou que seu grupo de trabalho está preparado para ajudar no que preciso.

— Então, conte-me do que se trata, Inácio.

— Quando foram nos visitar para conhecer o trabalho que o grupo de Cléber iria realizar, eles descobriram a biblioteca secreta, lembra-se disso?

— Lembro, sim.

— Pois bem, durante certo tempo tudo transcorreu normalmente. Foi desenvolvido um plano de ação para a execução de todas as tarefas, a biblioteca passou a ser consultada por todos em busca de conhecimento e nada de estranho ocorria. Contudo, há algumas semanas as coisas têm se modificado e situações estranhas têm acontecido.

— Como o quê, por exemplo?

— Documentos se incendeiam; roupas aparecem com marcas de fogo; internos são violentos sem motivo algum; o grupo discute e dificilmente consegue chegar a uma solução simples, sem antes quase brigarem. O que mais impressiona a todos é o mau cheiro em todo o lugar. Está insuportável.

— E você percebeu alguma coisa diferente, Inácio?

— Não consigo mais me comunicar com Cléber. Sinto que ele sente falta das drogas e esse pensamento tem-se mostrado obsessivo para ele. Conversando com todos os amigos espirituais que lá se encontram em trabalho, descobri estarem tendo os mesmos problemas que eu. Apenas dona Maria José, Heitor e Sílvio ainda se encontram bem. Irina está protegida por estar grávida. Quanto aos outros, mostram-se perturbados de alguma maneira.

— E quanto à vida espiritual ao redor do grupo, tem havido invasão de baixa vibração?

— Cada vez mais espíritos estranhos ao grupo se aproximam; são irmãos maldosos, que se divertem com a confusão que provocam.

— Está bem, Inácio. Pedirei permissão para acompanhá-lo e avaliaremos a situação. Está bem? Conseguida a permissão, Onofre, Inácio e eu voltamos à fazenda. Surpresos, percebemos tudo diferente: o ar estava pesado, as pessoas tristes e desanimadas. Da primeira vez em que estive ali, encantei-me com a luminosidade do lugar, a vibração salutar e benéfica e a amizade e coesão do grupo. Agora, cada um pensava estar sendo carga para os outros; não raro captei pensamentos de raiva e mágoa.

Aproximei-me de Rebecca e notei seu medo de ficar sozinha; sentia vontade de ir embora e esquecer tudo o que a levara àquele lar de amor.

Impressionado com o que via e sentia, consultei Onofre sobre suas impressões.

— Maurício, percebo que nossos amigos estão sendo vítimas de algum plano bem arquitetado de vingança. Devemos procurar saber de onde vem essa vibração pesada e maléfica que cobre essas terras. Subamos um pouco e observemos do alto.

Assim fizemos. Espantados, notamos que todas as terras da Casa do Senhor estavam envoltas em baixa vibração; parecia uma bolha de sabão que absorvia luminosidade e apresentava estrias que mais se assemelhavam a feridas abertas. As águas que corriam pelos pequenos riachos, lagoas naturais e cascatas pareciam sujas e gosmentas. As plantações, antes tão viçosas, aparentavam estar sendo castigadas por pragas e seca. Até os animais que pastavam aqui e acolá, andavam devagar, pareciam cansados e tristes. Preocupados com o quadro, voltamos à colônia em busca de ajuda e esclarecimento. Logo que chegamos, contatamos nosso grupo de trabalho e solicitamos a todos a busca de informações sobre tudo o que poderia estar causando aquela situação na Casa do Senhor. Conseguimos nosso intento e nos reunimos para debater sobre as informações conseguidas.

— Quanto às baixas vibrações que cobrem a Casa do Senhor, da maneira como vocês descreveram, são conseguidas com um trabalho muito bem organizado de entidades malévolas. É como se fosse um campo de energia dirigido para envolver pessoas ou grandes áreas. Elas funcionam como se fossem ondas energéticas que envolvem e absorvem energia vital — explicou Marta.

— Mas como é conseguida essa energia, de onde ela poderá estar se originando? — perguntou Sara.

— Fui informada de que existe um grupo da cidade umbralina das Pedras, que se especializou nesse tipo de serviço. É como uma empresa, aluga serviços — respondeu Marta.

— Há desconfiança de uma aliança de vários grupos do umbral para conseguir realizar algumas tarefas com mais facilidade. Segundo informações, isso tem preocupado muito vários postos de socorro, pois eles têm notado mudanças de comportamento entre muitos dos irmãos. Alguns deixam escapar que em breve serão muito fortes e será cada vez mais difícil "enfrentá-los" — informou Sérgio.

— Existe um grupo sediado próximo à Casa do Senhor, sob as ordens de uma entidade que se diz muito poderosa, portadora de conhecimentos milenares. Esta se mostra muito alta e forte com um rosto marcante, em que se destacam grandes olhos verdes; possui cabelos com entradas laterais e salientes e no meio da testa uma pedra vermelha de raro brilho. Veste-se como um mago, usa um manto bordado com fios de ouro cravejado de pedras preciosas. Um detalhe que me chamou a atenção em sua figura foram as mãos, que são como garras afiadas e grotescas, que ele procura esconder de todas as maneiras. Aonde vai, leva o medo e a ira e trata todos como inferiores. Diz estar organizando a tomada do reino de Deus em nome do demônio, em quem se converterá assim que cumprir seu intento — comunicou Vânia.

— Quanto a mim — falou Dirce —, trago um recado de Mauro para todos. Para se lembrarem de

SÓ O AMOR PODE VENCER 137

que nem tudo o que vemos, é o que parece. Nada está acima da bondade de nosso Pai, e se agora estão se preparando para ajudar nossos bons amigos, lembrem-se, principalmente, daqueles que ainda não se renderam à abençoada paz de nossa centelha interior. Ele pediu que lesse para vocês o seguinte trecho de *O Evangelho Segundo o Espiritismo*[3]:

Amai aos vossos inimigos; fazei o bem àqueles que vos odeiam e orai por aqueles que vos perseguem e vos caluniam; pois se amais apenas aqueles que vos amam, que recompensa tereis? Os publicanos também não fazem isso? E se apenas saudardes vossos irmãos, o que fazeis mais que os outros? Os pagãos não fazem o mesmo? Sede, pois, perfeitos, como vosso Pai celestial é perfeito.

— Muito bem, mais uma vez essa leitura nos traz a realidade da bondade de nosso Pai. Caridade sem limites sem olhar a quem. Muitas vezes, aquele que nos parece o pior dos algozes é a mais necessitada das criaturas — falou Onofre.

— Muito bem lembrado, Onofre. Tenhamos em nossa mente a expulsão de qualquer preconceito a respeito dos irmãos que vamos ajudar. De

---

3. KARDEC, Allan. *O Evangelho Segundo o Espiritismo*. Capítulo 12, item 1. Mateus, 6: 43-47(N.M.).

acordo com essas informações, podemos chegar a algumas conclusões bastante óbvias. Há alguns séculos, a Casa do Senhor foi morada de espíritos ignorantes, que conduziram a sua capacidade de intermediar a comunicação entre os dois mundos de maneira bem desequilibrada e construíram a biblioteca. Segundo Vânia, existe um acampamento próximo à fazenda, dirigido por um suposto mago, em busca de vingança e grupos do umbral especializados em vingança e comandados também por um mago. Acredito que podemos deduzir tratar-se do mesmo espírito.

— Maurício, temos de pesquisar a vida desse mago para descobrir o que tanto o magoou para carregar por tanto tempo, tão pesado fardo de ódio. — propôs Vânia.

— Ótima ideia. Devemos procurar saber quem são os componentes dos outros grupos, principalmente os líderes, pois acredito que descobriremos ligações de velhas desavenças e interesses comuns de vingança.

Enquanto isso, na fazenda anoitecia e dentro do coração de nossos amigos os sentimentos se agitavam em conflito.

Sentado a um canto, Antônio chorava com tristeza, sentia uma saudade doentia do filho, da nora e, principalmente, dos netos. Via crescer dia a dia, dentro de seu coração, raiva e revolta pela perda de seus entes queridos e questionava a justiça de Deus, que levara embora sua família saudável, trabalhadora, crente em Deus, deixando no mundo aqueles pobres diabos perdidos nas drogas, que eram mais um encargo para a sociedade.

— Antônio, meu velho, mude seus pensamentos, assim não está ajudando a ninguém. Prejudica nosso filho, nossa nora e nossos netos, fazendo crescer essa mágoa dentro de seu coração.

— É isso mesmo, Zezé. Deus não foi justo, já estamos velhos e os perdemos. Por que ele não leva esses que estão aí, que não servem para mais nada e só pensam em drogas e em maltratar quem os ama?

— Antônio, ore e vigie. Você não percebe que estamos sendo assediados por espíritos infelizes, que nos fazem pensar coisas que não devemos? Hoje você está aí, jogado ao chão, maldizendo meninos tão necessitados de ajuda. Levante-se, homem de Deus, siga seu coração, que sempre foi repleto de amor e caridade, e não maldiga o nosso Pai, pois ele está cuidando dos nossos e nos deu a chance de podermos fazer algo de bom por aqueles que aqui ficaram.

— Sinto vergonha de meus pensamentos, minha Zezé. Mas não consigo sair dessa situação.

— Dê-me sua mão e vamos orar ao nosso Pai, pedindo que Jesus Cristo, seu filho abençoado, esteja à nossa frente, limpando e abençoando nosso caminho.

Enquanto Maria José e Antônio conversavam, João, acompanhado de seu filho Renato, que caminhavam pela varanda, pararam para escutar a conversa.

— Está vendo, pai, para onde me trouxe? Eles não me querem aqui. Tudo isso é fingimento, eles só querem que você faça tudo de graça e depois nos chutam daqui — falou Renato.

— Renato, o senhor Antônio e a dona Maria José são boas pessoas e estão sofrendo muito ainda com a perda dos familiares. Muitas vezes, a revolta bate à nossa porta e não sabemos o que fazer. Além disso, estamos aqui para tratar de você e não para ficar ouvindo atrás das portas e usar isso como desculpa para não ir adiante. Portanto, mantenha-se firme, porque não vou desistir de nossos objetivos e você vai até o fim.

— Qualquer dia sumo daqui e vocês não me verão mais nesta vida.

— Terá sido escolha sua, Renato. Mas não esqueça de que quem viverá as consequências dos próprios atos também será você.

Depois desse diálogo com o filho, João procurou Sílvio.

— Sílvio, podemos conversar um pouco?

— É claro, João. Sinto que há algo perturbando sua paz, meu amigo.

— Você tem razão, há dias sinto em nosso grupo vibrações diferentes, pesadas. Parece estarmos envolvidos por negras nuvens de aflições e inseguranças. Há pouco, Renato e eu, sem querer, presenciamos uma conversa entre o senhor Antônio e a dona Maria José. Era uma conversa difícil, carregada de revolta e mágoa de uma parte e de outra, cheia de anseios de acerto e luta pela paz. Sinto que isso ocorre com todos os membros de nosso grupo. Gostaria de poder ajudar e peço a você que me dê essa oportunidade.

— Tem razão, João. Existe a influência de amigos sofredores e ainda arraigados ao mal, sequiosos de atos vingativos. Mas, antes de qualquer julgamento, temos de ter em nossa mente e em nosso coração, a certeza de todos sermos filhos do mesmo Pai; portanto, somos todos irmãos na espiritualidade. Devemos lutar para nos livrar desse jugo, mas se isso nos acontece é porque temos de aprender com a situação e, o mais importante, sabermos que temos irmãos infelizes, possuídos por sentimentos mesquinhos que necessitam de muita ajuda. Se não fosse assim, não estariam praticando tantos atos cruéis.

— E o que devemos fazer, Sílvio? Como já lhe disse, quero muito ajudar.

— Ore e vigie, não se descuide de seus pensamentos de maneira alguma. Envie a esses irmãos pensamentos de amor, libertação e amizade, seja o que for que aconteça, ore e vigie. Quanto ao Renato, não se preocupe, seu comportamento é apenas resistência a um novo mundo, que o assusta, pois é de responsabilidade e muito trabalho.

— Ele estará bem, não é, Sílvio?

— Tenha certeza do amor de nosso Pai, ele nunca nos abandona. E o amor e a dedicação de vocês serão recompensados.

Após essa conversa com João, Sílvio meditou bastante sobre o que acontecia com todos do grupo, e resolveu reuni-los após o jantar, com a finalidade de alertá-los sobre o assunto e procurar soluções para os problemas que estavam se agravando dia a dia.

Todos estavam em volta da mesa de jantar, quando, inesperadamente, um dos internos começou a blasfemar e gritar como louco.

— Tirem-me daqui, quero ir embora. Prefiro ficar nas ruas, me drogando e me divertindo. Vejam! Vocês me servem comida com bichos, eles se mexem e querem me engolir. Tirem-me daqui...

Durante vários minutos, Fábio gritou apavorado, dizendo coisas desconexas e falando sobre as pessoas que estavam rindo de sua situação.

Nossos amigos correram para socorrê-lo, com carinho e preces. Aos poucos, ele foi se acalmando e adormeceu. Seu corpo, todo encolhido, era sacudido por soluços sentidos. Fábio foi carregado para o quarto e ficou sob os cuidados de Maria José, que, sentada ao lado de sua cama, sorriu para Sílvio, dizendo:

— Vá, meu filho, vá sossegado; eu não arredo o pé do lado dele. Reúna todos e vamos resolver essa situação de uma vez por todas.

Sílvio se aproximou, beijou-a com carinho e agradeceu o apoio recebido. Heitor, que estava ao seu lado, falou:

— Vá descendo, Sílvio. Vou aplicar um passe em Fábio e já desço.

Heitor se concentrou, orou com muita fé e pediu ajuda à espiritualidade para que fortalecesse o espírito de Fábio e de Maria José e os protegesse de qualquer assédio enquanto estivessem sozinhos dentro daquele quarto.

12
Vamos à luta

Todos estavam reunidos na varanda, cada qual imerso em seus pensamentos, voltados para si mesmos. Havia uma grande diferença naquele grupo de amigos. Antes, quando sentíamos a vibração deles, sentíamos uniformidade de pensamentos, a palavra "nós" acompanhava todas as ideias. Naquele dia, porém, cada qual pensava apenas em si e em como estavam infelizes e solitários. Reunimo-nos ao redor deles e fizemos uma prece, pedindo ao nosso Pai fortalecimento e fé para todos, para que voltassem ao caminho de ajuda e amor a tantos necessitados.

Sílvio e Heitor se reuniram ao grupo.

— Meus amigos, precisamos ter uma conversa muita séria. Temos de resolver os problemas que se apresentam de maneira firme e honesta uns com os outros — falou Heitor.

— O que você está querendo dizer, Heitor? Não somos honestos em nossa relação? — questionou Filipe de maneira belicosa.

— De maneira alguma, meu amigo. Apenas precisamos expor nossas dúvidas e nossos sentimentos, sem omitir nada. Temos, em nossas mãos, tarefa muito importante para nos deixar carregar por essa onda de baixos fluidos mentais — esclareceu Heitor.

— Sentimos que estamos sendo acompanhados por irmãos infelizes, que encontraram em nosso grupo alguma brecha para nos controlar. Contudo, se todos firmarmos nossa confiança em nosso Pai maior, sairemos dessa facilmente e ainda poderemos ajudar a muitos — completou Sílvio.

— Deixe-me entender direito, Sílvio. Você está querendo dizer que estamos sendo obsidiados? — perguntou Celina.

— Exatamente. Estamos trabalhando contra os interesses de muita gente encarnada e também de muitos irmãos desencarnados. Se prestarmos atenção ao que está nos acontecendo, chegaremos à conclusão de que não estamos nos comportando normalmente; inclusive, tudo teve início no dia em que Rebecca passou mal na porta da biblioteca, o que nos leva a acreditar que a entidade que se identificava como mago, nas recordações de Rebecca, pode estar de volta e com fortes sentimentos de estar sendo invadido e também de vingança — explicou Sílvio.

— Se realmente é isso o que acontece, o que devemos fazer? — perguntou Irina.

— Começaremos com a leitura regular do Evangelho pela manhã, pedindo proteção para o nosso dia e, à noite, após o jantar, faremos nova leitura com o intuito de proteger nosso sono — falou Rebecca.

— Isso mesmo, devemos formar grupos de estudo e convidar nossos amigos desencarnados a participarem de nossas preces — completou Sílvia.

— E o mais importante, temos de manter nossa confiança em nossos projetos, em nós mesmos e em Deus, nosso Pai amado, sem nos descuidar. Cada vez que algum de nós sentir baixar a guarda, peça ajuda a outros membros do grupo, pois é para isso que estamos aqui, e é para isso que os amigos servem — completou Heitor.

Um mês se passou e as coisas se acalmaram. Tudo começou a caminhar de maneira correta e calma. O alojamento dos internos ficou pronto e os seis rapazes que estavam em tratamento passaram a morar ali, sempre acompanhados de perto por algum dos amigos.

O grupo se deslocou da fazenda para a capital para acertar os últimos detalhes práticos e burocráticos. Ficariam uma semana. Irina acompanhou os amigos para fazer exames médicos; afinal, a criança deveria nascer em poucos dias. Fábio, um dos interno, acompanhou-os.

Na Casa do Senhor ficaram os colonos, Antônio, Maria José, Heitor, Rebecca, Sílvio e os outros cinco internos, entre eles Renato.

Tudo parecia bem e a calma reinava naquele local. Sentados na varanda, conversando após o jantar, estavam Heitor e Sílvio. Maria José e Rebecca arrumavam a cozinha, enquanto Antônio consertava uma torneira. Renato e os outros quatro rapazes jantaram e foram descansar no alojamento.

— Ei, Renato, qual é, cara? — perguntou Rodolfo, garoto de quinze anos, dependente de *crack*.

— Estou cansado, cara, de ficar nessa roça sem fazer nada, só escutando conversa fiada desse povo. Ontem apareceu um colega aqui escondido e trouxe de presente um pouco de pó. Mas estou com de medo de usar — respondeu Renato.

— Por que não falou logo, compadre? Vamos dividir isso aí — falou Jorge, dezessete anos, viciado desde os onze anos.

— Vocês estão loucos? Estamos aqui para sair dessa. Se fizermos isso, vamos nos complicar e arranjar bagunça para o pessoal da casa. Eles até podem perder a licença para trabalhar aqui — disse Pedro, rapaz de dezessete anos e realmente interessado em se livrar do vício.

— Vocês são burros. Falar dessas coisas perto do padreco é entregar o ouro. Veja se cala a boca e não vá dedurar ninguém, senão já sabe o que pode te acontecer — ameaçou Saulo, o mais novo de todos, de catorze anos, e muita revolta no coração.

— O que vai acontecer, vão me matar, é? — enfrentou Pedro.

— E por que não? Só falta isso para eu experimentar. Então, veja se te manca e cala a boca — gritou Saulo.

Essa cena se desenrolava no alojamento enquanto espíritos ignorantes envolviam os jovens. Eram desencarnados viciados, que, em troca da sensação que sentiam ao se ligarem a jovens encarnados usuários de drogas, prestavam serviços a grupos do umbral, desenvolvendo cada vez mais a necessidade do vício no organismo daqueles rapazes, tão perdidos em si mesmos. Geralmente, esses acordos se estabelecem para completar uma vingança e, muitas vezes, para atingir os parentes que se deixam enredar nessa trama tão infeliz.

Eles estavam a serviço do mago, que, para realizar sua vingança, não media esforços. Seu objetivo era destruir o projeto da Casa do Senhor e levar Rebecca e Heitor ao suicídio.

Voltamos à casa principal, deixando Sérgio e Márcia observando nossos amigos e, principalmente, as entidades desencarnadas que ali estavam. Colheriam informações que mais tarde poderiam ser de grande valia ao nosso trabalho.

Na casa, nossos amigos conversavam tranquilamente. De repente, Rebecca sentiu um mal-estar bastante forte, suava frio e tinha enjoo. Sentou-se em uma cadeira e chamou:

— Dona Maria José, ajude-me, estou me sentindo muito mal.

— O que você sente, Rebecca? Será algo que comeu no jantar?

— Não, por favor, chame Heitor e Sílvio. Não se preocupe, o senhor Antônio ficará comigo. Mas, por favor, vá depressa.

Rapidamente, Maria José encaminhou-se para a varanda, mas no caminho sentiu-se mal também; por pouco não caiu ajoelhada, tamanha tontura que lhe turvou a vista. Preocupada com Rebecca, pediu ajuda a Jesus Cristo e, aos poucos, sentiu-se mais forte e voltou a caminhar.

— Heitor, Sílvio, venham comigo, Rebecca não se sente muito bem. E por pouco não desmaiei também. Sinto frio e uma pressão no peito, que não sei explicar.

— Rebecca está sozinha, dona Maria José? — perguntou Heitor, bastante ansioso.

— Não, Antônio está lá com ela.

Os três se dirigiram à cozinha apreensivos. O ar parecia pesado e um odor fétido se fazia sentir. Rebecca, extremamente pálida, sentada em uma cadeira, tinha os olhos arregalados em horror.

— Heitor, vamos orar e pedir ajuda espiritual aos nossos bons amigos. Acredito que estamos sendo visitados por entidades trevosas, que põem à prova nossa firmeza e nossa fé em nosso Deus Pai — afirmou Sílvio.

Os quatro amigos se posicionaram em torno de Rebecca, orando e elevando seus pensamentos a Deus. Humildemente, solicitaram ajuda para que pudessem tocar o coração de irmãos infelizes em suas escolhas de vida. Aos poucos, Rebecca foi se fortalecendo e também orando.

De repente, a toalha da mesa pegou fogo e grossas e ardentes labaredas se formaram e alcançaram o teto. Eram línguas de fogo que balançavam ao sabor de um vento inexistente, que trazia fortes odores de carne em decomposição.

Por um momento, nossos amigos entraram em pânico. Quando olhei à minha volta, muitos amigos espirituais haviam atendido ao nosso chamado e traziam paz e caridade, mostrando muita firmeza e serenidade. Então, rodeamos o grupo e, aos poucos, os irmãos infelizes e revoltados se afastaram, incomodados com nossa vibração de amor. O fogo foi contido por Heitor e Antônio, enquanto Sílvio e Maria José cuidavam de Rebecca, que ainda estava muito assustada. Heitor, no momento em que o fogo irrompeu, tentando apagar, acabou queimando a mão. Desolado, olhava o ferimento pensando que poderia ter sido em Rebecca.

— Heitor, poderia ter sido qualquer um de nós, temos uma luta ferrenha para defender nossos projetos, e pelo que nos parece um grande resgate com esse amigo que teima em nos perseguir. Não devemos nos deixar levar por esses pensamentos que nos enfraquecem. Não podemos mais nos esconder ou fugir da luta; portanto, devemos nos preparar e fortalecer em nome de nosso Pai — comentou Sílvio.

— Tenho tanta certeza do que quero, mas não consigo evitar o medo. O que posso fazer? — perguntou Rebecca.

— Rebecca, lembra-se do capítulo 10 de *O Evangelho Segundo o Espiritismo*, item 5[4]?

Reconciliai-vos o mais cedo possível com vosso adversário, enquanto estiverdes com ele a

---

4. KARDEC, Allan. *O Evangelho Segundo o Espiritismo.* Capítulo 10, item 5. Mateus, 5:25-26 (N.M.).

caminho, para que não suceda que o vosso adversário vos entregue ao juiz e que o juiz vos leve ao ministro da justiça, e que sejais mandado para a prisão. Eu vos digo em verdade, que não saireis de lá, enquanto não houverdes pago até o último ceitil.

— Heitor, que mal fiz a esse senhor? Fui moradora de sua morada, mas não lhe fiz mal algum; agora estamos fazendo caridade e não o desafiando — reclamou Rebecca.

— Veja bem, minha filha, nem tudo o que fazemos a um irmão é visto com bons olhos; muitas vezes, estamos fazendo caridade com amor no coração, e quem a recebe pode estar se sentindo humilhado por necessitar dessa caridade. Acredito que esse senhor sente seu espaço invadido e está revoltado por ter sua morada tomada por outros — falou Maria José.

— Eu sei, minha amiga, mas não acredito ser apenas isso. Ele é possuidor de grandes conhecimentos. Estarmos pesquisando em sua biblioteca e em suas anotações, no que poderia lhe causar revolta? Se não quisesse que um dia isso acontecesse, teria destruído tudo antes de seu desencarne, mas, ao contrário, tudo foi muito bem organizado, como para facilitar a consulta. Sinto ser algo mais grave, mas não sei o que fazer. Apenas posso pedir seu perdão por ofensas que tenha cometido contra ele — respondeu Rebecca.

Nesse momento, ouviu-se um urro e vi diante de meus olhos uma criatura mutilada por séculos de ódio e rancor. Sua deformidade estava se aproximando da totalidade de seu perispírito. Apenas seu rosto continuava perfeito. Diante desse quadro, tive certeza de que Rebecca estava certa em suas suposições; havia algo muito maior atrás de tanto ódio. Convidei Onofre a voltar comigo ao posto de socorro; precisava de mais informações sobre o suposto mago. Ele devia ter um nome. Antes, dirigimo-nos ao alojamento para informar Sérgio e Márcia sobre nosso destino.

No alojamento, Renato, Jorge, Saulo e Rodolfo consumiam cocaína, sob os olhos apavorados de Pedro, que, sentado no chão, a um canto, orava e pedia ajuda aos bons espíritos, que tinha certeza estarem por perto. Fechou os olhos e orou com muita confiança de que Deus o estaria ouvindo. Foram estas as suas palavras:

— Senhor, sei que não tenho sido grande coisa, sei que andei aprontando muito. Magoei meus pais e cheguei a bater em meu avô Pedro, de quem eu tenho o nome, sei que o Senhor se lembra, foi naquele dia em que ele me pegou roubando. Por conta disso, pedi ajuda. Quando vi o sangue escorrendo da boca do vovô, nossa... eu queria morrer de vergonha e raiva de mim mesmo. Mas agora quero fazer as coisas direito; estou me sentindo muito melhor assim, e a minha mãe está até sorrindo para mim de novo. O Senhor pode ver que eu quero mesmo melhorar, já pensei até em ajudar o pessoal da fazenda depois que eu me livrar desse vício. E agora, meu Deus, o que faço? Tenho muito medo de ir contar o que está acontecendo, pois sei que eles podem até me matar. Mas, se eu me calar, posso acabar com o trabalho da Casa do Senhor. Não quero ir embora daqui, ainda tenho muito que lutar contra o vício. Ontem, dona Maria José falou que quando eu precisasse de ajuda era só fechar os olhos e pedir aos seus servidores do bem que eles viriam. Mas, se não posso vê-los nem mesmo ouvi-los, como vou saber que estão me ajudando?

Nesse momento, Renato começou a gritar e chorar. Pedro abriu os olhos assustados. À sua frente, Saulo tinha o corpo sacudido por violento tremor; um suor abundante molhava suas roupas rapidamente. Seus olhos esbugalhados mostravam pavor do que estava acontecendo sem o seu controle. Pedro levantou-se e correu em direção à casa principal, clamando por Heitor.

— O que está acontecendo, Pedro? — perguntou Heitor.

— O Saulo está tendo uma *overdose*, acho que está morrendo — respondeu Pedro.

— Droga? Onde arranjou? — perguntou Sílvio.

— Depois lhe conto, agora precisamos correr, ele está morrendo — disse Pedro.

Nossos amigos pegaram o necessário para socorrer Saulo e correram para o alojamento. Chegando lá, encontraram Saulo estirado no chão, desmaiado, com fortes tremores sacudindo seu frágil corpo, já tão desgastado pelas drogas. Heitor passou a cuidar do corpo material de Saulo apoiado por médicos da espiritualidade. Enquanto os outros passaram a fortalecer o espírito com preces e passes.

Na espiritualidade, o quadro era o mais grotesco possível. Espíritos grudavam nos quatro meninos sugando os vapores de drogas que haviam ingerido; desnorteados, e cada vez mais necessitados das sensações causadas pelo vício, vampirizavam e gritavam obscenidades, expelindo substância infecta por todos os poros. Eram como vermes entrando pelas narinas, pelos ouvidos, pela boca, pelo ânus, grudando na pele, tapando os olhos e corroendo o cérebro. Os garotos não sentiam essa aproximação, apenas apreciavam o falso deslumbramento dos efeitos da cocaína; porém, quando Pedro começou a orar e a pedir ajuda, irmãos da espiritualidade se aproximaram e os colocaram frente a frente com a verdadeira paisagem mental a que se ligavam.

Saulo, sob efeito das drogas, as quais fizera uso em excesso, foi retirado por momentos de seu corpo e pôde observar o outro lado da situação.

— O que é isso? Estou ficando louco, não posso estar aqui vendo meu corpo morrer. O que são essas criaturas, o que fazem com meu corpo? Tirem essa sujeira de mim. Aquele cara ali está lambendo meu rosto, o que ele quer de mim? — gritou desesperado.

— Calma, Saulo. Estamos do seu lado cuidando de você. Veja, olhe para nós, acredita que estamos aqui para ajudá-lo? — perguntou Sérgio.

— Por que deixam que façam isso comigo? Se querem me ajudar, tirem esses monstros de cima de mim — pediu cada vez mais apavorado.

— Foi você mesmo que fez isso, Saulo. Preste bem atenção no que vai ouvir e ver. A partir de agora, poderá carregar consigo a chance de refazer suas escolhas de vida — confirmou Márcia.

— Falem logo e me livrem desses monstros, por favor — suplicou apavorado.

— Quando vocês fazem uso de qualquer substância tóxica, alucinógena, é isso o que acontece com vocês, meu amigo — esclareceu Sérgio.

— Mas por que só agora vejo isso, por que não vi das outras vezes? E o que faz meu corpo ali no chão se eu estou aqui em pé, ao seu lado? E... quem são vocês? — questionou Saulo, já mais calmo.

— Meu nome é Sérgio e esta amiga é Márcia. Foi permitido por Nosso Pai Amoroso, que você fosse retirado de seu corpo carnal para observar os resultados de seus atos. Esses monstros a que você se refere, Saulo, são jovens desencarnados pelas drogas, que maltrataram tanto o corpo e o perispírito que se transformaram nesses seres deformados que você vê agora — explicou Sérgio.

— Olhe bem, Saulo. Todos esses miasmas que invadem seu corpo são vibrações inferiores que danificam o que era perfeito. Essas criaturas monstruosas um dia foram jovens perfeitos e hoje se colam a outros jovens ainda encarnados e viciados para vampirizarem as sensações que provocam o uso dessas substâncias — completou Márcia.

— Quem são vocês, por que me ajudam? — perguntou Saulo.

— Um dia passamos pelo mesmo que você; desencarnamos, sofremos para nos livrarmos do mal que a nós mesmos causamos. Para resgatar nosso erro e nos tornarmos espíritos melhores, abraçamos a causa de ajudar outros jovens, que também se perdem pelo caminho — respondeu Sérgio.

— Você entendeu tudo o que foi mostrado a você aqui, Saulo? — questionou Márcia.

— Acho que sim, mas preciso voltar para meu corpo? Não posso morrer e ir com vocês? Este lugar me parece bem melhor e mais fácil de viver — disse Saulo.

— Ainda não; além disso, se você entendeu tudo, saberá o que fazer quando voltar ao seu corpo. Dessa forma, poderá ajudar outros jovens encarnados a se fortalecerem na paz de nosso Pai. Quanto a ser mais fácil, entenda uma coisa, meu amigo: quando decidimos agir de acordo com a bondade, a caridade e o amor tudo se torna mais fácil, em qualquer lugar em que você estiver — respondeu Sérgio, acariciando os cabelos de Saulo.

— Agora você vai dormir um sono repousante e quando acordar vai se lembrar de nós. Quando precisar de ajuda, chame-nos. Se estivermos atendendo a outro irmão ou não pudermos atendê-lo, um bom irmão estará ao seu lado. Vá na paz de nosso amigo Jesus Cristo — falou Márcia com lágrimas nos olhos.

No alojamento, o corpo, tomado de soluços de Saulo, foi se acalmando e um sorriso surgiu em seus lábios. Os outros jovens, também cuidados por Heitor e pela espiritualidade, receberam o presente divino do sono, do descanso. Pedro, sentado em sua cama, fechou os olhos e agradeceu a ajuda. À sua frente, uma moça bonita e muito simpática sorriu para ele com carinho. Pedro abriu os olhos e falou com alegria:

— Eu vi a moça que cuidou do Saulo. Ela sorriu para mim.

Todos olharam para ele e perceberam quanta ajuda os meninos haviam recebido. Maria José orou um Pai Nosso em voz alta e lágrimas de agradecimento saíram silenciosas dos olhos de todos, inclusive dos meus.

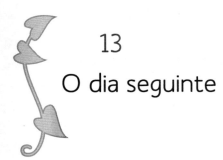

13
O dia seguinte

Amanheceu na Casa do Senhor. O sol brilhava e aquecia os campos, colorindo de dourado aquelas paragens. Ouvia-se, ao longe, o chamado do vento que passava ligeiro entre as folhagens, e os animais, ainda preguiçosos pelo descanso da noite, emitiam sons familiares e reconfortantes. Uma única nuvem no céu abençoava um lindo milharal com serena e meiga chuva, e como agradecimento as plantas brejeiras se ergueram em direção ao firmamento, vestidas de um verde pleno.

Maria José, com voz doce e melodiosa, leu para todos um trecho de *O Evangelho Segundo o Espiritismo*: "O jugo leve"[5]:

---

[5]. KARDEC, Allan. *O Evangelho Segundo o Espiritismo*. Capítulo 6, item 1. Mateus, 11:28-30 (N.M.).

Vinde a mim, vós todos os que andais em sofrimento e vos achais carregados, e eu vos aliviarei. Tomai sobre vós o meu jugo, e aprendei de mim, que sou manso e humilde de coração, e achareis repouso para vossas almas. Porque o meu jugo é suave e o meu fardo é leve.

— Agora vou ler o comentário[6] de Allan Kardec sobre esse trecho do Evangelho:

Todos os sofrimentos: misérias, decepções, dores físicas, perda de entes queridos, encontram sua consolação na fé no futuro, na confiança, na justiça de Deus, que o Cristo veio ensinar aos homens. Porém, para aquele que não espera nada após esta vida, ou que simplesmente duvida, as aflições pesam muito mais e nenhuma esperança vem suavizar sua amargura. Eis o que fez Jesus dizer: "Vinde a mim, vós todos os que andais em sofrimento e vos achais carregados, e eu vos aliviarei".

Entretanto, Jesus coloca uma condição à sua assistência e à felicidade que promete aos aflitos. Essa condição está na lei que Ele ensina; seu jugo é a obediência a essa lei; mas esse jugo é suave e essa

---

6. KARDEC, Allan. *O Evangelho Segundo o Espiritismo*. Capítulo 6, item 2 (N.M.).

lei é leve, uma vez que impõem por dever o amor e a caridade.

Após a leitura, Sílvio foi convidado para fazer um comentário a respeito do assunto.

— Acredito que não tem mensagem melhor de nosso Mestre Jesus Cristo do que nos fazer lembrar que seu jugo é suave e seu fardo é leve, que estamos aqui para aprender e perseverar em nossa fé, em nosso caminho. Tenhamos em mente que não recebemos nada mais do que podemos suportar. Temos ao nosso lado um Pai amoroso e prestimoso, que nos fortalece em cada momento de nossa vida com seu amor e sua confiança. Não devemos desapontá-lo, aprendamos com serenidade as lições recebidas, mostremos a outros a felicidade de termos fé em nosso futuro — um futuro ilimitado, cheio de surpresas e paisagens belíssimas. Devemos sempre nos lembrar de que nossa mente é como uma tela em branco, na qual, a cada momento de nossa vida, temos de dar cor e forma. Assim, devemos utilizar as mais belas cores e as mais perfeitas formas. Que Deus, nosso Pai misericordioso, abençoe nosso dia de trabalho.

— Sílvio, posso fazer um comentário? — perguntou Pedro.

— Fique à vontade, meu amigo.

— Bem, ontem quando as coisas começaram a se complicar lá no alojamento, senti muito medo de perder tudo o que consegui com vocês. Pela primeira vez em minha vida consegui conversar com Deus, mostrar-Lhe o que eu estava sentindo. Na verdade, sempre achei muito bonito o que me ensinavam sobre reencarnação, sobre termos sempre ao nosso lado espíritos bons querendo nos ajudar, mas acho que eu não acreditava piamente. Mas, naquele momento de desespero, eu quis que tudo fosse verdade, precisava acreditar que existia alguém tão bom, que, apesar de tudo o que eu fiz de errado, ainda me amava. E as coisas foram acontecendo e sendo encaminhadas para que tudo ficasse bem. Assim, descobri outra coisa muito importante: que além de Ele me amar, também me respeita. Então, como posso não acreditar que a vida é bonita de se viver, se agora sei que posso aprender com meus erros, e, se eu for esperto, não errar novamente? E o mais genial é que não preciso me sentir culpado por ter errado, mas feliz por ter enxergado. Agora não sinto mais remorso pelos atos que cometi, porque vou consertá-los, viver melhor e fazer feliz quem me ama.

— É isso aí, menino. E quanto a vocês, querem dizer alguma coisa também? — perguntou Rebecca olhando com carinho para os outros garotos.

— Não sei falar bonito, só queria lhes agradecer por terem corrido para salvar minha vida. Ainda não consegui aprender o que o Pedro falou. Hoje estou com muita vergonha. Acho que já mudei um pouco, principalmente porque estou muito bravo comigo mesmo. Se não tivesse feito a burrada de ontem, hoje eu não estaria assim novamente, feito um trapo sujo jogado no chão — falou Saulo de cabeça baixa, incapaz de encarar os amigos.

— Saulo, olhe para nós. Ninguém está aqui para criticá-lo, e sim para ajudá-lo. Acredite, você falou bonito, pois tocou com muita emoção nosso coração — disse Heitor.

— Alguém mais quer fazer um comentário? — perguntou Rebecca.

— Que tal se agora, depois de alimentarmos nossa alma com a leitura do Evangelho e com os comentários edificantes, cuidássemos de alimentar o corpo? Eu fiz bolinhos de chuva — comentou Maria José.

Imediatamente, todos se levantaram. Brincando, correram para a cozinha para assaltar a travessa cheia de deliciosos bolinhos.

O dia transcorreu de forma normal. No plano espiritual continuamos nossa pesquisa para entendermos tudo o que se passava com os moradores da Casa do Senhor e melhor poder ajudá-los.

Reunidos no posto de socorro, passamos a trocar informações de tudo o que estava acontecendo, tanto no plano físico, como no espiritual.

— Maurício, recebemos informações de uma equipe que trabalha no Centro Espírita da cidade mais próxima da Casa do Senhor. Na região, existem sérias dificuldades com os jovens — falou Marta.

— Essas dificuldades são ocasionadas por que fator?

— Estabeleceu-se na cidade há pouco mais de dois anos, um grupo de pessoas; na realidade, várias famílias aparentemente normais, que diziam estar fugindo da violência das grandes cidades. Montaram vários pontos comerciais ou pequenas indústrias, criaram um bom número de novos empregos e muito bem remunerados. Enfim, fizeram de tudo para serem bem-vindos pela comunidade — contou Renato.

— Mas, na realidade, tudo o que fazem é construir uma fachada de respeitabilidade, pois são chefes do tráfico de drogas. Comercializam todo tipo de droga, desde bebidas alcóolicas até as mais pesadas drogas químicas. Também fazem contrabando de armas — falou Marta.

— E a comunidade não sabe o que realmente está acontecendo? — perguntou Sara.

— Pelo pouco que apuramos, há um jogo muito grande de interesses, muito dinheiro envolvido, tráfico de influências, de poder financeiro e político. Ademais, várias pessoas influentes na comunidade já estão envolvidas — esclareceu Marta.

— O mandachuva é ligado a um grupo de pessoas que trabalha com magia negra. Nós os acompanhamos ao local que frequentam. É muito triste o que fazem ali em nome do poder, para conseguir mais dinheiro etc. — completou Renato.

— Inclusive, durante os trabalhos, um era destinado à Casa do Senhor. Os traficantes já têm conhecimento do que se pretende fazer para ajudar as comunidades vizinhas a controlar a entrada das drogas na região. E lá estavam para realizar uma tarefa solicitada por uma criatura bastante "exótica". Desculpem, mas não achei outro adjetivo — falou Marta.

— Exótica como, Marta? — perguntou Vânia.

— O corpo é totalmente deformado, animalizado, possui patas de cavalo, assemelha-se a um réptil, e suas mãos são como garras afiadas. Apenas seu rosto continua humano, ele tem uma beleza desconcertante — explicou Marta.

— Veste-se com roupas extravagantes, bordadas e cheias de pedrarias. Usa um manto vermelho com vários desenhos de sinais místicos, com o qual tenta esconder as partes deformadas de seu corpo. Na fronte, uma grande pedra vermelha, por onde saem raios, como se fossem flechas de fogo — acrescentou Renato.

— Que figura estranha, quem será? — perguntou Dirce.

— Acredito ser o mago de que tanto falam na Casa do Senhor. Eu e Maurício já o vimos por lá, muito rapidamente — falou Onofre.

— Assim, podemos concluir que existe um acordo entre o chefe do tráfico da cidade e o grupo de entidades que vem assombrando a fazenda — comentou Sara.

— Isso mesmo, Sara. O projeto da Casa do Senhor está atrapalhando os planos de expansão do tráfico na região, pois com o tratamento dos viciados e as palestras nas escolas, clubes e toda a movimentação em torno da Campanha de Prevenção, será mais difícil para eles enganarem a população. Falar abertamente do assunto, esclarecer quais as substâncias químicas que provocam a dependência dos usuários, as consequências que o consumo provoca são os melhores meios de prevenção, e também o que mais prejudica o tráfico. O mago, tendo interesse no assunto, mobilizou grande número de espíritos infelizes, que estão dispostos a executar tarefas enraizadas na maldade e na vingança.

— Pelo menos, Maurício, já sabemos o porquê dessa reunião de vários grupos do umbral perto da

Casa do Senhor — falou Sérgio, que acabara de chegar trazendo notícias da fazenda.

O que o traz aqui, Sérgio, aconteceu alguma coisa? — perguntou Onofre.

— Aconteceu sim, Onofre. Infelizmente, algo muito desagradável. Há poucos minutos, Rebecca recebeu um telefonema de Júlia avisando que Cléber estava piorando dia a dia, obcecado pelo medo de voltar a usar drogas. E pela manhã Sônia o encontrou caído no banheiro, ele tinha tomado uma grande dose de calmantes fortíssimos e agora está no hospital entre a vida e a morte — explicou Sérgio.

— E Inácio, está com ele?

— Acredito que sim. Vim apenas trazer a notícia, não tive tempo de mais nada — completou Sérgio.

— Sara e dona Dirce, vocês poderiam ir até o hospital onde Cléber está internado e depois nos informar sobre o que está acontecendo? — perguntou Onofre.

— Iremos sim, Onofre. Vamos, Sara? — pediu Dirce.

No hospital, o ambiente era de muita tristeza. Sônia, inconsolável, chorava sozinha. Cléber, muito pálido em um leito de UTI, tinha ao seu lado entidades que se compraziam com seu sofrimento. Inácio, à sua cabeceira, procurava animá-lo com preces e passes. Com a chegada de Dirce e de Sara, as entidades se afastaram um pouco, desconfiadas.

— Ô, Treco, que negócio é esse? Parece que tudo ficou mais claro! — falou Chorona.

— Sei lá, vai ver é um daqueles que brilham. Deixe para lá... daqui a pouco eles cansam e vão embora. Vão saber já, já, quem é mais forte. O chefe não é de brincadeira, não. Fique firme aqui; faça de conta que não é nada, senão depois eles nos castigam — falou a entidade.

— É, mas o chefe nos prometeu muita droga e nos deu este aqui! E o trouxa preferiu morrer! Estou ficando doente de novo, preciso encontrar alguém por aí que usa — disse Chorona.

Dirce e Sara se tornaram visíveis para os dois amigos, que, apavorados, tentaram se esconder no banheiro.

— Esperem, não tenham medo de nós. Não vamos fazer nenhum mal a vocês — comentou Sara.

— Isso mesmo, só queremos conversar um pouco — completou Dirce.

— Aquele ali já falou conosco, mas não queremos ajuda de ninguém. Só estamos fazendo nosso trabalho. Se o trouxa prefere nos escutar e não a vocês, o problema é dele — retrucou Treco.

— Se estão contentes, por que têm medo daquele que os mandou aqui? Quem sabe estar no caminho certo não precisa temer nada — falou Inácio.

— Menina, você tem um rosto muito triste, o que a perturba tanto, o que a torna tão infeliz? — perguntou Dirce, dirigindo-se à Chorona.

— Sempre fui assim, por esse motivo me chamam de Chorona. E não enrola com esse papo de boa gente que não cola.

— E você tem nome? Um nome que foi dado a você por alguém que a amou muito? — questionou Sara.

— Tenho e não gosto dele. Imagine se eu tenho cara de Maria Aparecida? — respondeu debochando do próprio nome.

— É um belo nome. Na minha última encarnação tive o prazer de ser irmã de uma Maria Aparecida. Todos a chamavam de Cidinha. Hoje ela é uma mulher delicada e muito graciosa. Conquistou durante toda a sua vida muitos afetos sinceros. E você, minha amiga, deixou alguém especial quando desencarnou? — perguntou Dirce.

— Também me chamavam de Cida e só tive um filho que muito amei, mas o padrasto bateu nele até matar e eu fui covarde e não o defendi. Depois disso, larguei-me na vida e acabei bebendo e me drogando até a morte. Achei que tudo iria acabar naquele momento — respondeu Cida.

— E você não tem vontade de receber notícias de seu filho? — perguntou Sara.

— Morador do umbral não pode saber essas coisas não, dona. O jeito é esquecer e continuar essa droga de vida que não acaba nunca — respondeu Cida.

— Você se engana. Deus é Pai bondoso, que nunca desampara um filho. É só você pedir ajuda e com certeza terá notícias de seu filho. Como é o nome dele? — perguntou Dirce.

— João Paulo, como aquele primeiro papa que morreu. Ele tinha cinco anos quando foi embora, nem deve mais se lembrar de mim, e, se lembrar, deve ter muita revolta dentro do coração — afirmou Cida.

— Acredite, Cida, sempre somos surpreendidos pela vida, que é cheia de surpresas. Muitas vezes, o que nos parece impossível está ao alcance de nossas mãos, mas devemos sempre lutar — falou Sara.

— Vocês que estão do outro lado procurem por João Paulo e, se o encontrarem, digam a ele que sinto muito não ter sido uma boa mãe — pediu Cida.

— Por que não vem conosco, Cida? Assim você mesma o procura. Tenho certeza de que ele lhe quer muito bem — convidou Dirce.

— Eu posso ir assim, sem fazer nada, sem lhes oferecer nada?

— O seu arrependimento e a sua vontade de mudar o rumo de sua vida são os sinais que Deus pede a você — explicou Sara.

— Ele não vai me punir, castigar-me pelo que fiz? — Cida perguntou com receio.

— Deus é amigo fiel, é Pai amoroso, e sempre está disposto a permitir que tenhamos mais uma oportunidade. Nosso espírito é eterno, pois o que temos a aprender sobre bondade, caridade e amor é infinito. Por tudo isso, não se lamente pelo que passou, foi apenas mais uma lição que aprendeu. O importante é você ter consciência de todos os seus atos falhos, pois só assim poderá se aperfeiçoar como filha de Deus — respondeu Inácio.

— Treco, vou com elas. Você escutou tudo isso? Por que não vem comigo? Quem sabe você não encontra aquela moça que você amou e perdeu?

— Vá, Cida, eu vou ficar. Eu sei onde ela está, eu menti para você. Ela mora no umbral, como um bicho na toca. Vou ficar porque cuido dela — respondeu Treco.

— Qual é o seu nome, meu amigo? — perguntou Inácio.

— Zequinha... era assim que ela me chamava, a minha Helena.

— Da maneira como você está, Zequinha, nada poderá fazer por Helena. Mas se você se tratar e se preparar, poderá ajudá-la com o auxílio de nosso Pai. Vá com elas, só terá a ganhar com seu crescimento espiritual — explicou Inácio.

— Mas quem vai cuidar de Helena durante esse tempo?

— Quando chegar ao posto de socorro, poderá solicitar auxílio para Helena. Tenho certeza de que irmãos preparados para esse tipo de socorro o atenderão com presteza — disse Dirce.

Zequinha e Cida finalmente partiram com as duas benfeitoras, cabisbaixos e ainda muito envergonhados, mas cheios de esperança e com a centelha de amor, doada a cada um de nós, renascendo no coração.

∼

Cléber suspirou e sorriu em seu sono reparador. Parecia sentir grande alívio em seu coração. Sônia o observava pela janela de vidro e sentiu que algo de muito bom acabara de acontecer. Emocionada, agradeceu a Deus a ajuda dos bons amigos.

A noite chegou de mansinho na Casa do Senhor, com o céu estrelado, o perfume dos eucaliptos, a brisa da noite e a voz sonora e agradável de Sílvio, que cantava uma bela canção, enquanto Renato tocava violão. Todos estavam reunidos na sala de leitura, estava muito frio. Antônio acendeu a lareira e Maria José preparou chocolate quente. O ambiente era de amizade e muita paz. Saulo, ainda enfraquecido pelo acontecimento, adormeceu no sofá. Preocupados com os jovens, nossos amigos os levaram para a casa principal, onde permaneceriam até tudo estar devidamente controlado.

Do lado de fora, sinistra figura se aproximou. Os olhos tinham um brilho metálico e de muito ódio; uma fúria incontrolável tomava conta de seu peito. O sofrimento era atroz e voraz, lágrimas quentes e ardentes queimavam seu rosto. A figura olhou pelas pedras que formavam as paredes daquela casa e parece ter enxergado através delas. Por alguns momentos, ficou ali parado, gritando ao vento toda a sua ira. De repente, correu como um animal ferido.

Rebecca, paralisada de pavor, sentiu o medo dominar sua mente e chorou com o rosto entre as mãos.

14
A história de Málida

Maria José acordou com o telefone tocando. Era Sônia avisando que Cléber estava fora de perigo. Contente, ela foi preparar o café da manhã. Entrando na cozinha, encontrou com Heitor, que já estava acordado.

— Bom dia, Heitor, levantou cedo?

— Na verdade nem consegui dormir. Sinto uma agonia muito grande, tenho certeza de que algo vai acontecer com Rebecca, mas não sei como ajudá-la.

— O que aconteceu com sua fé, Heitor? Se Rebecca precisa enfrentar essa situação, assim será, e se nosso Pai permitir que esta seja a hora, é porque estamos todos preparados para vencer as nossas limitações. O importante é não fraquejarmos diante de nada, termos certeza de que só poderá acontecer o que

Deus permitir e, principalmente, devemos nos mostrar seguros e fortes para que Rebecca possa se apoiar em nosso ombro amigo.

— A senhora também pressente algo, não é?

— Pressentir... Eu não usaria essa palavra, Heitor. Isso é algo irreal para mim. Sei que algo deverá acontecer para que se resolva um problema que se arrasta há muitos séculos. Sei disso porque estou participando de todos os acontecimentos; é algo natural e simples. É apenas o uso da lógica, pelo próprio encadeamento dos fatos.

— Mas, e Rebecca? Estará preparada?

— Com certeza, Heitor. Apenas está temerosa, pois deve sentir que se aproxima o momento da resolução de algo que a incomoda há muito tempo. Mas ela é uma mulher forte e cheia de fé, tenha certeza de que será capaz de enfrentar seus fantasmas. Por falar nisso, Sônia ligou e avisou que Cléber está fora de perigo. Aí está outro amigo a quem devemos nosso amor e nosso apoio. Pode ter certeza de que ele precisará.

— Tem razão, dona Maria José. Agora, que tal aquele cafezinho bem gostoso, com pãozinho quentinho e manteiga, hein?

— Engraçado, acho que vocês pensam que eu tenho cara de comida. Todo mundo olha para mim e só fala disso.

Rindo gostoso, Maria José se dirigiu ao fogão enquanto os outros amigos chegavam à cozinha bastante famintos.

No meio do dia, Rebecca avisou Heitor que estava indo à biblioteca para estudar. Apesar dos protestos dele em deixá-la sozinha, ela insistiu e afirmou não ter mais medo; afinal, a certeza de estar acompanhada pelos anjos do Senhor, a fortalecia.

Decidida, desceu resolvida a se aplicar nos estudos e pesquisar os livros que relatavam as histórias de antigos moradores da casa. Tinha certeza de que encontraria o que precisava para elucidar o mistério que rondava sua vida.

Desceu os últimos degraus que levavam à porta da biblioteca, parou e orou, solicitando aos espíritos que permitissem sua entrada e fizessem uso das informações ali catalogadas. Lentamente, aproximou a mão direita da pedra e sentiu um peso grande em seu braço. Firme, fechou os olhos e falou em voz alta:

— Não tenho mais medo de você. Estou aqui para resolver este problema. Tenho certeza de que lá dentro encontrarei nossa história escrita em algum daqueles livros, e eu vou entrar. Essa é a minha vontade, a minha escolha, estou fazendo uso de meu livre-arbítrio. Se você quiser ajuda para sair dessa situação, eu o convido a me acompanhar. Mas exijo respeito pela minha escolha e pela minha vida; já lhe disse que você não me amedronta, tenho Deus em meu coração e, contra isso, você nada pode. Mas tenho certeza de que nosso Pai está à sua espera, ansioso pela sua felicidade.

Dizendo isso, Rebecca empurrou a pedra e a porta se abriu.

A jovem se dirigiu até as estantes, onde sabia que encontraria a história dos moradores da casa e da vila, grafadas tantos séculos atrás. Retirou um grosso volume da estante e abriu a primeira página. Tratava-se de um diário: "A história de Málida".

Estou possuída de muito medo, não sei a quem poderei recorrer e pedir ajuda. Ele é muito poderoso, e sei que voltará e tornará a fazer muitas maldades comigo. Hoje ele me disse que darei à luz um filho dele, mas tenho muito medo, pois ele é uma criatura do mal. Sinto medo de seus olhos frios e destruidores. Não quero ter um filho desse ser.

Hoje aconteceu algo diferente, vieram visitar meu pai, mercadores de outro mundo. Dizem vir do outro lado do oceano. Entre eles havia um jovem muito bonito e forte. Seus olhos se encontraram com os meus e eu senti como se o chão me faltasse. Meu coração disparou e bateu forte como o vento lá fora. Mas ele chegou e nos olhou com fúria... preciso me esconder dele.

Ouço me chamarem, sei que a mando dele, mas continuarei aqui, sozinha, escondida nesta gruta. Só sairei daqui quando vir seu barco partir.

Há dois dias estou escondida; sinto-me fraca, com sede e faminta. E o barco continua ancorado no porto. Morrerei de fome, sede e frio, mas nunca mais ele me tocará nem me levará para seu castelo.

Pensei estar morta. Adormeci nas areias da gruta. Acordei neste barco agasalhada e amparada por braços fortes. Pensei estar no céu e que meu amor era um anjo. Mas estou viva, ele me encontrou desacordada na gruta, abraçada ao meu diário e me salvou de minha sina. Agora estou indo embora de meu pesadelo. Às vezes, penso estar sonhando, e meu sonho tem um nome: Valdez, o mercador que me leva consigo.

Meu corpo se avoluma e cresce. Sinto medo desse filho. Meu lamento ecoa longe, pois no meu íntimo sei de minha tragédia.

Sinto muitas dores, meu corpo pesa e minhas veias incham, envenenadas pelo sangue do filho daquele demônio. Queria ter coragem de arrancá-lo com minhas próprias mãos, arrancá-lo de dentro de minhas entranhas.

Valdez me diz que toda vida a Deus pertence, e que mesmo sendo esse filho fruto da violência de um bárbaro, nós o criaremos com amor e crença em

Deus, pois o bem sempre anula o mal. Eu oro, imploro a esse Deus que me livre de meu medo e de meu ódio; e percebo que só com a morte desse ser que cresce dentro de mim, isso terminará.

Ouço vozes que dizem estar próximo o meu fim; me fazem ameaças de sofrimentos atrozes; estou enlouquecendo. Sei que aquele bruxo e demônio me envia seus seguidores para atormentar; deve haver mais vítimas em seus altares de horror, sacrifícios de vidas para me encontrar.

Sonhei que a criança nasceu, estou horrorizada. É um monstro, sua pele é vermelha, possui chifres e rabo, seus olhos são frios e destruidores, como os do pai. Quero morrer para que essa criatura não venha ao mundo. Vou pular do penhasco, já vejo meu corpo mutilado e minha alma sorrindo da peça que preguei ao demônio.

Rebecca chora em silêncio pelo sofrimento de Málida. Ora para que ela tenha encontrado a paz. Lentamente, vira a página e percebe outra caligrafia; parece ter sido feita por mão masculina.

Irei continuar sua história, minha doce Málida. Falarei de minha saudade, da tristeza de meus dias sem a sua presença. Apesar de seu ato insano, seu filho está aqui e vive ao meu lado, me chama de pai. Com certeza é meu filho de coração.

Sete anos se foram de minha solidão, não tive coragem de voltar a abrir este diário; sinto-me fraco e cansado. Tyrel tornou-se um menino cruel, sinto vergonha de dizer, mas ele me amedronta. Às vezes, penso estar enlouquecendo, e nuvens negras rondam minha morada; é como se todos os demônios estivessem lá fora me espreitando.

Preciso escrever logo o que quero deixar anotado como aviso. Aquele homem é um demônio, como dizia minha amada Málida, ele ronda o castelo em busca do filho. Quando ele se aproxima, os olhos do menino parecem perceber, brilham e me olham cínicos.

Altares de sacrifícios têm sido encontrados em volta de meu lar.

Preciso fugir deste açoite antes que tomem minha alma. Levarei comigo Tyrel, pois ainda sou mais forte que ele, e minha fé em Deus me fortalece.

O dia é hoje, não sei dizer se de minha redenção e libertação, ou de meu jugo cruel. Preciso tentar libertar meu filho do domínio desse demônio que nos ronda a alma. O capelão deverá chegar a qualquer momento e o batismo em nome de Deus libertará a alma de Tyrel.

O santo homem não consegue atravessar a muralha de almas pagãs que nos cercam; ouço seus gritos que suplicam ajuda; os demônios o torturam, tentam enfraquecer meu espírito. Tenho de tomar cuidado, pois o fogo cruel da traição corre pelos corredores de minha morada. Tyrel tem nos olhos um brilho grotesco, que queima e mata; há pouco, o corpo jovem de uma serviçal queimou diante de meus olhos incrédulos e do riso ensurdecedor que saiu dos lábios de meu filho.

Desço à sala secreta, levo comigo comida e água. Sei que não viverei por muito tempo, mas poderei caminhar pelos corredores secretos; observar os movimentos do inimigo e registrar em páginas de alerta as suas magias. Levo comigo meu amor por Málida e minha fé nesse amor sem fim, meu amor de redenção por meu filho, por quem oro em constrita afeição. Mas trago guardado em meu peito a confiança em ti, meu Pai, e em Jesus Cristo, cujos ensinamentos sigo.

Há muito não registro palavra neste livro, pois estive ocupado observando e registrando minhas vivências e descobertas pessoais em páginas de alerta. Descobri o poder do pensamento, quão poderoso é nosso querer. Vi que o poder do inimigo vem de seu ódio, de sua raiva, do mal cristalizado em seu espírito. Ele se junta a outras criaturas de mesmo viver, alia-se a espíritos sequiosos de vingança e ódio. Todos juntam suas forças e, por meio da imantação de objetos, direcionam suas energias negativas ao objeto de sua ira, fazendo o mal se consumar. Descobri que se tivermos amor, fé e caridade, esse mal não nos atinge; é como se tivéssemos à nossa volta uma roupa invisível a nos proteger. Presenciei cenas cruéis em nome de um deus inexistente. Ouvi preces demoníacas e cadenciadas serem recitadas e vi, ao mesmo tempo, espíritos deformados e tristes se juntarem a essas cerimônias. Aprendi que orando e conversando com esses infelizes, espíritos luminosos se juntam a mim e os levam em paz. Percebi que a bondade de Deus nunca nos falta; vi com meus olhos humanos e senti com minha alma imortal o seu benquerer. Somos felizes por estarmos sob sua guarda; os demônios de hoje serão os anjos de amanhã.

Este é meu último parágrafo neste livro. Estou deitado numa esteira e é com dificuldade que escrevo este meu derradeiro comentário. Minha Málida está aqui ao meu lado; seu rosto é belo e sereno. Muitos amigos iluminados também estão aqui para me levarem. Sinto-me em paz e feliz. Só quero lhe dizer, Tyrel, que estarei ao seu lado quando precisar; meu espírito trabalhará pela sua libertação. Daqui a alguns anos, você encontrará meus restos e seu coração se apertará em saudade. Estarei ao seu lado estendendo meus braços para acolhê-lo. Que Deus o abençoe e proteja nesta vida e em sua passagem. Seu pai, Valdez.

Rebecca, sentada no chão, enxugou as lágrimas que teimavam em escorrer de seus olhos. Olhou para cima e viu o rosto de Heitor, que lhe sorriu com muito amor. Ele estendeu as mãos para ela, que se apoiou, levantou e o abraçou.

— Venha comigo, Rebecca. Vamos caminhar um pouco pelo jardim — falou Heitor.

Rebecca apenas o seguiu, como sempre, com muita confiança. Olhou para ele, fixou seus olhos sempre serenos e sorriu. Sabia que acabara de descobrir mais um nome para Heitor.

15

Outros caminhos

No posto de socorro, reunimo-nos novamente. Marta nos disse ter informações importantes, que provavelmente facilitariam nossa ajuda ao pessoal da Casa do Senhor.

— Bom dia! Desculpem a demora, mas somente agora recebi a confirmação de algumas informações — avisou Marta.

— O que está acontecendo? Parece que descobriu algo muito importante para solucionarmos os problemas que vêm assolando a Casa do Senhor — comentou Onofre.

— Realmente, minha gente. Acredito que a informação que trago será de grande valia. Na cidade existe um juiz criminal, o doutor Cláudio. É um homem de bem, com elevados conceitos morais e de honra — informou Marta.

— Nós já ouvimos falar dele na casa de Tavares, o chefe do tráfico de drogas. Quando se referiu ao doutor Cláudio, notamos certo receio em sua voz; foi como se tivesse medo. Comentava com o capanga que o juiz era osso duro de roer e que pressentia problemas com sua chegada à cidade — disse Sérgio.

— Como assim? O juiz está se opondo aos projetos maldosos desse grupo?

— Ainda não, Maurício. O doutor Cláudio é recém-chegado, e Tavares andou sondando para ver se era corrupto e se aceitaria como os outros facilitar a vida do bando. Mandou Cidão, seu braço direito, pesquisar sobre o juiz e descobriu que ele é lutador ferrenho contra as drogas e parece ter sido enviando para cá com o propósito de barrar a escalada deles. Pelo menos foi a essa conclusão que chegaram — explicou Marta.

— Eu e Marta fizemos uma pesquisa na colônia de origem do doutor Cláudio e descobrimos que é ele companheiro de Heitor e Rebecca, desde a Idade Média. Foi filho dos dois e chamava-se Tyrel. Houve uma interferência de uma criatura bastante má, que, por meio de práticas satânicas, conseguiu incutir na mente deles ser o verdadeiro pai de Tyrel — completou Sérgio.

— Maurício, não é a história que Rebecca leu na biblioteca? A história de Málida? — perguntou Onofre.

— Isso mesmo, Onofre. Agora já sabemos onde teve início o ódio do mago. Por falar nisso, no diário Málida não mencionou o verdadeiro nome de nosso amigo, não é?

— Maurício, se me permite, gostaria muito de ir atrás de informações sobre o mago. Acredito que essa encarnação a que vocês se referem é apenas consequência de uma anterior, pois pelo comportamento descrito no diário, ele já nutria uma raiva enorme por Rebecca — afirmou Dirce.

— Muito bem, dona Dirce. Esta será sua responsabilidade. Assim que tiver novidades, avise-nos a respeito.

— Sim, Maurício.

— Quanto ao doutor Cláudio, ele será de grande valia se conseguirmos que visite a Casa do Senhor e pesquise sobre a vida de Tavares — sugeriu Marta.

— Boa ideia, Marta. Você e Vânia ficam encarregadas disso. Sara, pedirei a você mais informações sobre o bando de Tavares. Antônio deve estar retornando à colônia hoje. Peça-lhe que a ajude.

— Está bem, Maurício. Fiquei em dúvida sobre as intenções do doutor Cláudio. Ele realmente veio com a intenção de combater Tavares? — perguntou Sara.

— Não, ele pediu para ser transferido, pois um de seus filhos está sofrendo de crises alérgicas. Eles moravam na capital e, infelizmente, todos sabem o grau de poluição das cidades grandes! Rafael, seu filho mais novo, sofre muito com isso e corre risco de morte. Então, a família decidiu se mudar para um local menos poluído — esclareceu Sérgio.

— Hum! Estou vendo o dedo da providência divina aí — disse, sorrindo, Dirce.

— É verdade, tudo parece se encaixar aos poucos. Então, mais do que nunca devemos alertar o doutor Cláudio sobre o assunto; principalmente, porque inadvertidamente ele já está na mira de fogo do Tavares — completou Marta.

— Procure ajuda com os mentores dos membros da família, tenho certeza de que serão bem-vindas.

O grupo se despediu e cada qual se dirigiu para realizar uma tarefa.

～

Um novo dia amanheceu na Casa do Senhor. O céu estava carregado de nuvens negras e anunciava uma tempestade, que se formava ao norte da fazenda. Um vento frio e ligeiro passava pelas folhagens e produzia um silvo alto e estridente. Nossos amigos acordaram com o bater de portas e janelas, deixadas abertos na noite anterior, pois o calor era muito forte.

Todos se reuniram na cozinha para o café da manhã. Rebecca chegou, causando preocupação a todos. Sua aparência era de fragilidade e desespero. Seu rosto, muito pálido, estava marcado por profundas olheiras, mostrava-se triste e cansada.

— Bom dia, meus amigos. Bom dia, Heitor — falou Rebecca se aproximando do noivo e pela primeira vez seus olhos brilharam com emoção.

— Bom dia, princesa. Venha se sentar ao meu lado — falou Heitor se levantando e estendendo as mãos com carinho e amparando Rebecca.

— Isso mesmo, menina. Você está muito pálida e com o olhar cansado. Garanto que não dormiu a noite toda. Vou lhe preparar uma vitamina com leite, frutas e bastante aveia. Garanto que vai lhe fazer bem.

— Obrigada, dona Maria José, mas não tenho fome. Gostaria apenas de uma xícara com leite quente — respondeu Rebecca.

— Não mesmo, menina, pelo menos um copo de vitamina você vai tomar. Maria José tem razão, você está muito pálida — disse Antônio.

— Vou ler uma mensagem para você, Rebecca. Acredito que foi escrita especialmente para esse seu momento. Foi psicografada ontem à noite — avisou Sílvio.

Que a paz de nosso Senhor Jesus Cristo esteja entre nós, como bálsamo de luz, chuva abençoada que afasta o calor da desilusão.

Hoje é um dia especial, como todo dia de trabalho na caridade e no amor o são.

Visita abençoada do perdão de Deus, presente divino de nosso Pai amoroso, luz abençoada de paz interior, que nos traz à lembrança momentos de paz e amorosidade.

Lembremos sempre que somos caminhantes em um mundo imperfeito enquanto a mente de nossos irmãos, assim como nós mesmos, estiver presa à materialidade, aos prazeres mundanos e ao orgulho que cega.

Aceitem o trabalho bem-vindo ao coração, à mente, à boa vontade de todos os que caminham na paz.

Trabalho conjunto, trabalho unido em benefício da humanidade, trabalho que dignifica e ilumina o caminho de nossos irmãos necessitados.

Não se deixem abater, trabalhem e enfrentem suas dores e tarefas. Resgatem a vida e, finalmente, desfrutem a paz merecida.

Que a mente de todos seja orvalhada pelo vento divino, que distribui seu amor ilimitado.

— Ah! Sílvio, que linda mensagem. Quem é esse irmão que tanto bem me fez? — perguntou Rebecca.

— Apenas um irmão presente em nossa vida, que veio nos trazer alento e paz — respondeu Sílvio.

— Que Deus o abençoe por ter escolhido as palavras certas para mais uma vez me tirar dessa autocomiseração — disse Rebecca.

～

Uma chuva torrencial banhava as terras da Casa do Senhor. Raios e relâmpagos rasgavam os céus num espetáculo fantástico e, ao mesmo tempo, aterrador. Um estrondo vindo do espaço assustou a todos e fez com que as luzes se apagassem. Sílvio foi desligar o transformador de energia e ouviu baterem à porta.

— Pois não? Por favor, entrem, vocês estão ensopados.

— Desculpe estarmos incomodando, mas nosso carro quebrou bem aqui na entrada de sua fazenda. Fiquei com receio de permanecer lá com minha família, uma vez que a chuva está cada vez mais violenta — explicou um rapaz de aparência agradável.

— Não se incomode. Entrem, venham comigo. Vou pedir à dona Maria José para providenciar algumas toalhas e roupas secas para vocês. A propósito, meu nome é Sílvio.

— Eu sou Cláudio e esta é minha esposa Ana, e meus filhos Rafael e Leila. Sou o novo juiz da cidade.

— Sejam bem-vindos à nossa cidade e à nossa casa.

Após atender às necessidades mais urgentes dos visitantes, Sílvio e Maria José os levaram até a cozinha, local onde estava o restante do grupo.

— Quero que conheçam nossos novos amigos: Cláudio, Ana, Rafael e Leila. Mudaram há pouco tempo para a cidade e hoje estão nos visitando — falou Maria José.

— Sejam bem-vindos; sentem-se e venham tomar algo quente, vejo que estão com os cabelos molhados e devem sentir um pouco de frio — falou Antônio.

Heitor e Rebecca se levantaram e se dirigiram a Cláudio. Seus olhos brilharam, como se reconhecessem um antigo benquerer. Cláudio sorriu feliz e estendeu as mãos, apertando a mão de Heitor e Rebecca ao mesmo tempo.

— Que felicidade conhecê-los. Sinto vontade de fazer parte de seu grupo há muito tempo. Na verdade, é como se estivesse em casa — disse Cláudio emocionado.

— Que a casa seja sua também, meu amigo — respondeu Heitor também emocionado.

— Venha Ana, sente-se ao meu lado com as crianças — pediu Rebecca com os olhos brilhando.

O dia transcorreu de maneira amena e cordial. Todos conversavam, trocavam ideias sobre vários assuntos e se divertiam com as traquinagens das crianças. No começo da noite, a chuva ainda era bastante forte e os visitantes foram convidados a passar a noite na fazenda, visto que as estradas estavam inundadas e intransitáveis.

— Ouvi falar muito do trabalho que vocês estão desenvolvendo. Gostaria de saber mais sobre o assunto — informou Cláudio.

— Ainda estamos engatinhando, e muitas vezes ficamos perdidos, mas caminhamos. Desenvolvemos um centro de atendimento e prestação de serviços para as fazendas vizinhas; fundamos, com a comunidade, uma cooperativa agrícola. E o que consideramos o nosso mais importante projeto, o núcleo de atendimento e desintoxicação de viciados — contou Sílvio.

— É o que mais me interessa. Na capital participei ativamente no atendimento a esses infelizes e, como magistrado, procurei combater o tráfico de maneira decidida. Mas me falem mais sobre o problema na região — pediu Cláudio.

— No momento temos seis jovens sob os nossos cuidados. Graças a Deus e à ajuda de bons amigos espirituais eles estão conseguindo sair do vício. Daqui a pouco vocês vão conhecê-los; estavam trabalhando na separação de grãos de café colhidos nesta semana — explicou Heitor.

— Ouvi falar que vocês estudam a Doutrina Espírita e trabalham no desenvolvimento espiritual, não só dos jovens atendidos, como de todos os que estiverem interessados — comentou Ana.

— Estamos com alguns grupos na evangelização e já temos um grupo de desobsessão que trabalha duas vezes por semana. E o ponto mais importante no tratamento de nossos jovens é o reforço espiritual que recebemos dos mentores da casa — esclareceu Rebecca.

— Rebecca, lá na capital minha mãe nos levava todo sábado para estudarmos o Evangelho. Nós podemos vir estudar aqui? — perguntou Leila, que tinha dez anos.

— Pode sim, ficaremos honrados em tê-los em nosso grupo. No sábado temos um grupo de nove crianças da região que passam o dia conosco, estudando e trabalhando — respondeu Rebecca.

— Então agora são onze, os nove velhos, Leila e eu — falou Rafael, de sete anos.

— Gostaria muito de ajudá-los também — ofereceu Ana.

— E quanto às drogas na região? — insistiu Cláudio.

— O movimento do tráfico ainda é pequeno. Mas temos notícia de um grupo que se estabeleceu na cidade há aproximadamente dois anos, que nos tem parecido bastante suspeito. Mas não temos como averiguar. Filipe, do nosso grupo, que está fora resolvendo as últimas pendências, é antigo militante da causa e já colheu informações policiais a respeito, mas não é nada oficial. A ficha policial deles é limpa, apesar das suspeitas, mas nada foi confirmado — esclareceu Sílvio.

— A informação extraoficial que temos, por pesquisa feita pelo pároco da igreja matriz, o padre Miguel, foi que após a chegada desse pessoal o consumo de drogas na região teve um aumento de sessenta por cento. Padre Miguel chegou a esse número pelas pessoas que recorrem a ele pedindo ajuda. Acredito que seja bem maior — completou Heitor.

— Fui informado por antigos colegas de trabalho que tem gente sondando sobre o meu comportamento como profissional, e pelo que puderam descobrir é a mando de um tal de Tavares. — informou Cláudio.

— Tavares é uma figura da sociedade local, um dos novos moradores. Sujeito esperto. Chegou à cidade, montou uma malharia, criou um bom número de empregos e todos muito bem remunerados. É pessoa requisitada pelas autoridades locais para opinar sobre o destino da cidade — contou Antônio.

— O nome é o mesmo, deve ser a mesma pessoa. Vou mandar averiguar o passado dele e de todo o seu pessoal — falou Cláudio.

— Os meninos já chegaram e foram tomar banho. Daqui a pouco estarão aqui para jantarmos. Se alguém quiser lavar as mãos ou se trocar, ainda dá tempo — disse Maria José.

— Hum! Já vou avisando, se quiserem deixar nossa mãezona brava é só chegar atrasado para as refeições, por essa razão, é melhor correr, principalmente porque a comida é muito boa — comentou Rebecca, sorrindo e saindo correndo da sala, seguida de perto por Rafael e Leila.

O jantar transcorreu em clima de amizade e camaradagem. Os jovens foram tratados com reverência pelos novos amigos; as crianças fizeram amizade e todos se divertiram brincando de estátua. Cansados, recolheram-se a seus quartos para uma merecida noite de descanso.

Rebecca, apesar de se sentir em paz, não conseguia dormir, estava ansiosa. Contudo, sorriu pensando que só poderia ser por algo bom. Levantou-se, caminhou até a janela e observou a chuva, que agora caía devagar. Resolveu tomar um copo de leite quente. Desceu vagarosamente as escadas e se dirigiu à cozinha. Colocou o leite para esquentar e sentou-se de frente para a porta da despensa, que estava entreaberta. Divisou o vulto de um homem grande e forte, e sabia de quem se tratava. Fechou os olhos e pediu intuição aos mentores sobre a melhor atitude a tomar.

À sua frente viu Demétrius, que lhe sorriu.

— Então você não é o Sílvio? — perguntou Rebecca.

— Não, mas estou sempre ao seu lado e de Heitor. Acompanho-os há muito tempo — respondeu Demétrius.

— A mensagem que Sílvio recebeu era sua? Quando ele leu para mim, reconheci suas palavras. Gostaria de ser mais forte e firme em minhas decisões, e realmente nunca mais sentir pena de mim mesma.

— Ah! Mas você já aprendeu muito e tem sido uma amiga de grande valor. Acredite, estamos muito perto de alcançarmos nossos objetivos.

— O que ele faz aqui novamente, Demétrius?

— Na verdade, Rebecca, ele nunca foi embora. Quando conversei com ele, aceitou me acompanhar, mas foi por pouco tempo. Ele sofre as consequências dos próprios atos. Infelizmente, continua culpando os outros por seus próprios erros. Mas seu tempo está se esgotando e ele sabe disso. Tudo o que tem acontecido nos últimos dias tem a ver com as atitudes dele.

— Então ele vai nos deixar em paz?

— Até que consiga encontrá-los novamente. Temos de resolver esse problema. Principalmente por ele mesmo, que sofre bastante e há muito tempo. Sua mente está sendo corroída e logo não haverá retorno, precisamos ajudá-lo antes que seja tarde.

— Qual é o nome dele, Demétrius? Por mais que tente não consigo saber.

— Volte aos estudos na biblioteca, às pesquisas dos habitantes da casa, logo saberá.

— O que posso fazer por ele?

— Ore e pense nele com muito amor. Que Deus os abençoe e proteja.

~

— Rebecca, Rebecca, acorde.

— O que aconteceu, Heitor?

— Não sei, vim tomar água e você estava dormindo na mesa. Veja, a caneca que deixou no fogo com leite chegou a queimar.

— Estava conversando com Demétrius ou pelo menos acredito nisso... Foi ele que escreveu a mensagem que Sílvio leu.

— Então Sílvio não é Demétrius?

— Não. Demétrius me disse estarmos próximos da resolução de nossos problemas, e me aconselhou a continuar pesquisando na biblioteca. Ele está sempre conosco, sabia?

— Estou feliz por sabê-lo perto de você. Gostaria de livrá-la de todos os problemas e perigos, protegê-la, e somente vê-la sorrindo sempre. Amo-a muito, e sinto medo de não ser capaz de guardá-la de todos os males.

— Heitor, quem tem um amor como o seu, já está protegido de todos os males. Sinto-me dentro de um halo de luz forte e acariciante. Também amo você de todo o meu coração, e tenho certeza de que teremos uma vida brilhante, como o sol que banha a Casa do Senhor.

Heitor a abraçou e beijou com muito carinho.

16
Novamente o sol

O dia amanheceu esplendoroso. O sol banhava a terra, secando a água abundante que caíra no dia anterior. Um lindo arco-íris era visto ao longe; as cores fortes e vivas anunciavam o reinício da vida.

Olhando de cima a Casa do Senhor, agradeço a Deus a bênção da renovação da vida. Novamente o brilho de amor começava a voltar.

Cláudio e a família se despediram dos novos amigos, prometendo tomar providências quanto ao controle de entrada de drogas na cidade.

Rebecca resolveu passar o dia estudando na biblioteca.

Desceu, fez uma prece e empurrou a pedra. Logo ouviu o familiar estalido e a porta se abriu. Dirigiu-se à estante e retirou o mesmo volume, onde lera o Diário de Málida.

Esta é a primeira vez que escrevo nestas páginas. Sinto muita emoção e tristeza por não ter entendido o que estava acontecendo, e não ter visto as tantas desgraças que iriam acontecer. Sabe, meu pai, apesar de todo o mal que tomou conta de minha alma, você nunca desacreditou de mim.

Como previu, meu pai, os anos se passaram e hoje tenho os cabelos brancos pela idade que avança. Sem procurar nem desconfiar, um dia cheguei a este local acompanhado por ele, que se encantou com o mistério e o segredo de sua localização. Ele leu suas anotações e passou a montar sua própria história; escreveu novos livros; trouxe para dentro destas paredes sua magia negra e torpe. Vi muita desgraça acontecer aqui. Inerte em minha descrença da bondade, encantei-me pelo erro da crueldade. Até que um dia, em um momento de ira, ele me contou a sua verdade, que sua vingança foi me ter feito seu filho. Falou da crueldade de prender o espírito de uma mulher perdida em sua bondade de mãe, mostrou-me o rosto de Málida banhado por lágrimas eternas, e me disse ser esse o momento de seu jubilo. Rindo alto, desarvorado em sua demência, faria o sacrifício de minha vida na esteira onde estavam os restos ainda intocados de meu pai, e do além-túmulo os faria assistir à minha tortura. Nesse momento abençoado por seu amor, uma força celestial me banhou o pranto e eu soube olhar nos olhos torpes e cruéis daquele inimigo. Meu amor o abateu com um só golpe e gritei para aquele fardo estendido ao chão que o amor de vocês vencera a maldade do algoz. Grito atroz me chegou aos ouvidos e, naquele momento, tive certeza de nada estar concluído, mas apenas estar começando a nossa sina eterna.

Só hoje escrevo, e, a exemplo de seu último parágrafo, aqui registro meus últimos momentos. Ao lado de meu corpo cansado já vejo luzes que banham meu espírito ávido por nova vida. Aprendi a orar em seus livros, meu pai, e neste momento rogo que estejam à minha espera. Anseio resgatar a minha dor e vergonha. Seu filho, Tyrel.

Rebecca levantou os olhos e orou. Sabia que as lições que estava aprendendo a cada minuto de sua vida só fortaleciam a confiança na bondade e no amor de nosso Pai. Com os olhos banhados de lágrimas, agradeceu aos amigos anônimos que a protegiam e a conduziam rumo a um novo amanhã.

Assim, levantou-se e voltou ao convívio dos outros.

— Ainda bem que você voltou, menina. Já ia chamá-la para o almoço — falou Maria José.

— Estou morrendo de fome. O que temos para o almoço?

— Tudo do que o Heitor gosta.

— Então já sei: arroz, feijão, bife, ovo e batata frita. Vou comer até! — falou Heitor entrando na cozinha.

— Isso mesmo, mas não fique triste, menina Rebecca, para o jantar vou fazer o que você gosta — disse Maria José.

— Macarrão — falaram os cinco jovens que estavam entrando na cozinha.

— Pelo menos não é mais ela que faz — falou Heitor.

— Você só fala mal do meu macarrão... mas bem que comia quase tudo, não é, seu ingrato? — resmungou Rebecca.

Todos riram e se sentaram em volta da mesa. Estavam em silêncio, almoçando, quando João, empregado da fazenda, entrou esbaforido, gritando:

— Fogo! Fogo! Socorro!

— Homem de Deus, o que está acontecendo? — perguntou Heitor.

— Seu Heitor, precisa correr. O alojamento dos meninos está pegando fogo — avisou João nervoso.

— Pegando fogo, João? Como assim? — questionou Sílvio.

— Não sei, seu Sílvio, só sei que eu e o Mané, *vinha* lá dos lados do rio e *vimu* fumaça. Em volta do alojamento tinha dois tipos mal-encarados com alguns *galão* na mão. Só sei que quando viram a gente, largaram tudo e saíram correndo num jipe. Aí eu vim *avisá* e o Mané ficou lá tentando apagar o fogo.

Todos saíram correndo e Maria José ficou para telefonar para os bombeiros da cidade e avisar o doutor Cláudio. Apesar de todos os esforços, o alojamento ficou totalmente queimado. Os bombeiros chegaram, porém já era tarde. Contudo, o que mais interessava a todos era o laudo.

Cláudio, assim que soube do acontecido, dirigiu-se à Casa do Senhor. Conversando com João e Mané, perguntou:

— Vocês seriam capazes de descrever ou mesmo reconhecer os dois sujeitos que viram ao lado do alojamento?

— Eu os reconheço, doutor.

— Eu também, doutor. Se *vê* o tal tipo de novo, reconheço.

— Muito bem. Vou enviar um amigo que desenhará o retrato dos dois homens de acordo com a descrição que fizerem. Quando estiver pronto vocês confirmam se são eles mesmos, está bem?

Voltando à casa-grande, Cláudio pediu para conversar com Heitor e Sílvio.

— Recebi algumas informações e parece que essa turma que se instalou na cidade pretende usar este local como ponto de distribuição de droga na rota do tráfico. Um informante da polícia avisou um delegado do setor de entorpecentes, amigo de causa, que deverá passar por aqui, na próxima semana, uma grande carga de cocaína. Vamos preparar uma armadilha para pegar esse pessoal. Quero que tenham cuidado, pois estarão mais agressivos e precavidos nesses dias, e pelo que aconteceu aqui, vocês estão na mira deles.

— Não se preocupe, vou pedir ao senhor Antônio para levar os garotos para a capital com o restante do pessoal enquanto isso não estiver resolvido — falou Sílvio.

— Muito bem, só quero que se cuidem. Vou pedir para a Ana levar as crianças para a capital — falou Cláudio.

~

Na espiritualidade, existia um movimento incessante de espíritos contratados pelo mago. Novamente, havia um grande desequilíbrio de forças negativas. Solicitamos ajuda à equipe de trabalhadores que se especializaram no combate a esse tipo de desequilíbrio.

Vale a pena explicar como se dá o processo de acúmulo dessas forças negativas e como se combate sem causar danos aos encarnados.

Imaginem um grande número de mentes trabalhando numa mesma sintonia mental, produzindo pensamentos negativos, carregados de baixos fluidos vibratórios, que vão se juntando, acumulando, criando ondas que varrem o local para onde são dirigidos. Essas vibrações se cristalizam e produzem resultados negativos que debilitam a vida de todos. Era o que estava acontecendo com a Casa do Senhor quando Onofre e eu resolvemos observar a fazenda do alto. Uma espécie de bolha de cores escuras e estriadas, de vibração baixa e doente, cobria todo o local.

Contudo, para toda energia negativa existe o seu oposto: a energia que dignifica, engrandece, que tem origem nos sentimentos de amor, amizade, caridade, paz. São sentimentos altruístas que produzem ondas benéficas e tornam o ar mais sutil e agradável, fazendo com que nos sintamos bem vivos e cheios de esperanças. Essas vibrações de alto valor moral também se juntam, unindo-se na defesa de irmãos necessitados de ajuda. Chegam grandiosas, de cores claras, impregnadas de fluidos vitais restauradores. Também vêm como ondas de luz que varrem a escuridão e trazem a claridade e a paz. Nosso pedido de ajuda foi esse. Pedimos aos irmãos que trabalham pela restauração da paz no planeta para que levassem à Casa do Senhor o seu trabalho.

O dia estava claro. O sol morno banhava as terras férteis; os animais pastavam vagarosamente; os pássaros estavam quietos, como a esperar um grande acontecimento. Na Casa do Senhor as pessoas estavam sentadas em volta da mesa de trabalhos espirituais e liam trechos de *O Evangelho Segundo o Espiritismo*, pedindo bênçãos. Repentinamente, o céu se abriu com a ajuda esperada. Um grande número de irmãos do plano espiritual veio em nosso socorro. Saíam de seus veículos aéreos, semelhantes a balões coloridos, ondas de energia que desciam e varriam a escuridão. Na Terra, equipes de socorristas chegavam em busca dos que se prontificavam ao perdão, ao recomeço de uma nova vida.

Chorei como criança ao descobrir a grandeza do amor e da confiança em nosso Pai. A emoção de ver um amor tão grandioso em ação encheu-me o peito de emoção. Eu me ajoelhei nessa Terra bendita, mãe afortunada da vida, ventre perene de fluidos benéficos, e chorei, sentindo-me pequeno deitado em seus braços benditos. Obrigado, meu Pai.

Ao longe, avistei o mago que, furioso correu, fugindo da ação bendita de nossos amigos. Venâncio se aproximou de mim e disse:

— Não se preocupe, Maurício. Ele está na biblioteca, enfraquecido e com a certeza de que este é o momento de recapitular seus atos. Logo tudo estará em paz.

— Obrigado pela ajuda, meu amigo.

— Que Deus abençoe a todos vocês. Agora devemos ir, temos mais paragens a visitar.

Assim nossos amigos se foram em meio a um canto celestial. Pedimos em agradecimento que Deus protegesse e abençoasse o trabalho deles.

17

Tudo em seu lugar

Após a visita da equipe de socorristas que veio nos trazer a benção de nosso Pai, a Casa do Senhor se tornou novamente um lugar de paz e amizade. Apesar de muitos assuntos continuarem pendentes, as forças entre o bem e o mal se equilibraram.

Era um domingo de muita luz e o grupo novamente estava reunido. Os que haviam ido para a capital já estavam de volta. A saudade era muita e as novidades também. Cláudio e a família foram convidados para participarem das comemorações do retorno de toda a equipe.

— Graças a Deus, estamos de volta. Estava com muita saudade — falou Júlia, acariciando a mão de Sílvio.

— Realmente, Sílvio, ninguém aguentava mais ver a Júlia choramingando pelos cantos — comentou Irina, sorrindo.

— E aí, Irina? E o nosso bebê? Quando chegará? — perguntou Rebecca.

— O médico me disse que dentro de no máximo quinze dias.

— Gente, até agora eu não acredito que vou ser pai! Cada vez que penso nisso fico todo arrepiado — disse Armando emocionado.

— Cléber, como você está? — perguntou Sílvio.

— Melhor, mas ainda me sinto inseguro. Celina me contou do apoio que recebeu de todos vocês. Eu só tenho a lhes agradecer — falou Cléber.

— Acredite no quanto você é importante para todos nós. Pense nesses momentos como mais uma prova pessoal, que acabou lhe mostrando o quanto você tem certeza do que quer, mas, acima de tudo, nunca mais se esqueça de que em meio ao seu desespero existem muitas mãos amigas estendidas em sua direção, e caminhos mais felizes a serem escolhidos — acrescentou Heitor.

— Obrigado, Heitor, nunca mais esquecerei — respondeu Cléber.

Nesse momento, Cláudio, Ana, Rafael e Leila chegaram à fazenda.

— Bom dia a todos. Nossa! Vejo que o grupo está novamente reunido — afirmou Ana.

— Sim. Mais do que nunca — respondeu Sílvia.

— Filipe, o João volta quando? — perguntou Sílvio.

— Deve voltar em no máximo três dias. Está na dependência de uma autorização dos bombeiros para conseguir o alvará de funcionamento para o ambulatório.

— O restante da papelada ficou pronto? — perguntou Rebecca.

— Ficou sim. Apenas uma assistente do Juizado de Menores deverá vir nos visitar em quinze dias. Depois disso, estará tudo legalizado — avisou Júlia.

— Finalmente, deu mais trabalho preparar toda a documentação exigida do que todo o resto — comentou Sônia.

— E quanto ao incêndio, o laudo técnico dos bombeiros já ficou pronto? — questionou Flávio.

— O sargento Soares me informou que na quarta-feira deverá ter uma cópia à nossa disposição. Acredito que será apurado que o incêndio foi criminoso, uma vez que os funcionários da fazenda viram os dois sujeitos. O retrato falado que os colonos fizeram servirá de prova, pois os dois são empregados do Tavares — respondeu Cláudio.

— Heitor me disse que você tem nos ajudado muito verificando a história desse pessoal na cidade. Tem mais alguma informação que poderá ajudar a afastá-los daqui? — perguntou Celina.

— A polícia de entorpecentes deverá realizar uma operação na região, que começará na próxima semana; inclusive, devo lhes pedir o máximo de cuidado. Não saiam sozinhos e fiquem alertas a qualquer movimento diferente na fazenda. Avisem todos os empregados, porque esse pessoal é realmente perigoso. Hoje mesmo a Ana deverá retornar à capital com as crianças. Aconselho-os a mandarem Irina e mais alguém acompanhar os internos para longe daqui. Ana deve ficar em nossa antiga casa, na capital. Ofereço acomodações a todos que forem para lá — informou Cláudio.

— Agradeço-lhe a oferta e não a dispenso. Vou conversar com os outros e decidir o que fazer — falou Heitor.

No fim da tarde, ficou decidido que Irina e Armando acompanhariam os seis rapazes à cidade. Ficariam hospedados na casa de Ana e Cláudio. Todos se prepararam para a viagem, e, ao anoitecer, afastaram-se da Casa do Senhor.

A madrugada estava fria e quieta. Mais uma vez Rebecca rolava na cama, sem conseguir conciliar o sono. Já cansada, com o corpo dolorido, levantou-se e caminhou até as escadas que levavam ao andar térreo. Lentamente, começou a descer os degraus, um a um, prestando atenção ao caminho. A noite estava escura e fria, e um calafrio percorreu-lhe o corpo. A moça teve a impressão de estar sendo observada. Entrou na sala de televisão, estendeu a mão até o interruptor e ouviu alguém lhe falar ao ouvido. Ao mesmo tempo, imobilizaram-na e taparam sua boca.

— É bom ficar quietinha, senão vai haver um estrago aqui.

Aterrorizada, ela foi arrastada para fora da casa e jogada dentro de uma caminhonete. Mentalmente, pensou em Heitor. Gritou seu nome e pediu ajuda.

Heitor estava dormindo profundamente. De repente, acordou e, assustado, sentou-se na cama. De imediato foi ao quarto de Rebecca. A cama estava vazia; desceu as escadas correndo e chamando por ela. Os outros amigos acordaram com os gritos de Heitor e logo estavam todos reunidos na sala.

— Heitor, acalme-se, Rebecca pode estar em qualquer lugar. Senhor Antônio, faça-nos um favor, olhe na biblioteca enquanto procuramos pela casa e pelo jardim — pediu Sílvio.

— Vocês não entendem... ela corre perigo. Eu a escutei me chamando apavorada. Quanto mais tempo demorarmos, para mais longe vão levá-la — disse Heitor.

— Vamos ligar imediatamente para o Cláudio — ordenou Sônia.

Assim que soube do desaparecimento de Rebecca, o amigo avisou a polícia e se reuniu ao grupo na Casa do Senhor. Nisso, tocou o telefone:

— Escutem bem, seus intrometidos, é só um aviso: se continuarem se metendo conosco, vamos raptar um a um e detonar todos. Continuem procurando a loirinha, por enquanto ela está viva, amarrada e escondida. Querem-na de volta? É só acharem, não tem ninguém guardando-a. Contudo, se alguém avisar a polícia, vamos pegá-la de volta e picá-la em pedacinhos — avisou uma voz nitidamente disfarçada e abafada.

Heitor, apavorado, relatou aos amigos o que lhe foi dito.

— Espere um pouco. Há quanto tempo você acordou? — perguntou Sílvio.

— Mais ou menos duas horas, Sílvio — respondeu Heitor.

— Então, Rebecca deve estar por perto. Nesse tempo não deu para eles irem muito longe. Duas horas... Senhor Antônio, o senhor tem algum mapa da região? — perguntou Sílvio.

— Tenho sim, Sílvio. Vou buscá-lo.

Assim que Antônio voltou com o mapa, os amigos passaram a estudar as possibilidades de locais onde Rebecca poderia estar.

— Vejam aqui. Para chegarmos ao milharal na região ao leste da Casa do Senhor, mais precisamente na fazenda Sororó, demoraremos aproximadamente duas horas. Se usarmos o compasso, teremos os lugares prováveis — falou Sílvio.

— Então temos de nos separar em grupos e irmos cada um para um lado — falou Cláudio.

— E, quanto à polícia, Cláudio? Você já falou com o delegado Sandro? — questionou Maria José.

— Já sim. Fiquei de entrar em contato com ele e confirmar o rapto de Rebecca — respondeu Cláudio.

— Você confia nele? — perguntou Heitor.

— Eu o conheci agora, mas devido ao que vem acontecendo, não sei o que pensar, Heitor — respondeu Cláudio.

— Vamos procurá-la! O dia já está clareando. Se não a encontrarmos, pensaremos no que fazer. Mas tenho fé de que logo a teremos aqui novamente — falou Sônia.

— Dona Maria José, fique em casa e peça ao senhor João para reunir os empregados da fazenda e mandá-los procurar por Rebecca no lado norte da fazenda. Cada um de nós tem rádio nos carros e telefone. Por favor, fique atenta que entraremos em contato com a senhora, que ficará encarregada de passar as informações que surgirem — falou Sílvio.

— Fiquem sossegados e lembrem-se de orar e pedir proteção para Rebecca — disse Maria José, com lágrimas nos olhos.

Todos saíram.

Na biblioteca, o mago estava sentado a um canto, de cabeça baixa, apoiada entre as mãos. Sérgio desconfiou que ele chorava.

— Por que chora, amigo? — perguntou.

— A ninguém interessa o meu pranto — respondeu amuado.

— É sempre triste ver um irmão infeliz, gostaríamos de ajudá-lo — falou Márcia.

— Não preciso da ajuda de ninguém.

— Ficaremos aqui ao seu lado. Uma prece feita com caridade e amor é sempre reconfortante — avisou Sérgio.

— Não admito essa interferência; não é porque me deixaram fraco e preso que podem tripudiar sobre minha submissão — respondeu com raiva.

— Não se preocupe, apenas estaremos aqui, se precisar nos chame — pediu Márcia.

⁓

Na cidade, uma equipe da polícia de entorpecentes chegou e informou ao delegado Sandro que deveriam permanecer em serviço naquela localidade por tempo indeterminado. Minutos depois, uma figura sorrateira saiu pelas portas do fundo e se encaminhou até a casa de Tavares.

— Quero falar com o senhor Tavares.

— Ele não vai receber ninguém hoje. Está muito ocupado e não quer ser interrompido — falou um sujeito de aparência suspeita.

— Acho melhor avisar que o Nelson da delegacia está aqui. O recado que trago é urgente.

Assim, Nelson foi levado a num escritório bastante luxuoso. Sentado atrás de uma escrivaninha, Tavares o observou.

— Bonita sua casa, senhor Tavares!

— Vamos logo, desembuche e caia fora, tenho mais o que fazer.

— Desculpe, mas o delegado mandou avisar que chegou à cidade um grupo da capital dizendo fazer parte da equipe de entorpecentes para investigar o tráfico de drogas na região.

— O quê? Chegaram quando?

— Agorinha. O delegado é rápido e me mandou avisá-lo.

— Está bem. Agora suma e fale para esse incompetente vir conversar comigo. É bom ele ter uma boa explicação por não avisar isso antes.

— Mas ele não sabia, senhor Tavares.

— Já lhe disse para sumir daqui.

Irritado, Tavares pegou o telefone e avisou aos outros traficantes da região.

— Precisamos mudar os planos, um grupo da capital veio conferir nosso trabalho. Precisamos tirar a mercadoria da área o quanto antes. Avise o pessoal que o combinado fica para hoje, no local de sempre, à meia-noite. E sem muito papo, pois a cidade está ficando perigosa para os negócios — bradou Tavares.

— Ô, companheiro, você sabe de onde vem essa bucha. É o tal juiz... garanto que tem dedo dele no meio — disse Souza do outro lado da linha.

— Com certeza, é ele mesmo. Mas agora não dá para fazer nada. Com a mercadoria na praça é arriscado tomar qualquer atitude. É melhor levar para outro lugar — comentou Tavares.

— *Tá* certo, companheiro. Vou avisar aos outros. Pena que a pista de pouso, lá da fazenda Monte Alegre, ainda não ficou pronta. Seria mais fácil — acrescentou Souza.

— Esqueça. Não tem outro jeito, vá de carro mesmo, à meia-noite, não atrase.

— O Magrão catou uma loirinha e a escondeu. O povo da Casa do Senhor vai ficar um bom tempo ocupado. O buraco é bem fundo! — Souza falou, rindo com sarcasmo.

— Que sirva de lição — disse Tavares desligando o telefone.

Ao lado de Tavares, várias entidades, com aspecto malévolo, divertiam-se com os malfeitos dos traficantes e comentavam:

— É isso aí. Devia mandar a garota para cá, assim a gente cuidava dela. Depois que aquele povo detonou a central, lá no acampamento, a coisa tá ficando difícil. Sempre aparece um daqueles chatos para atrapalhar.

— Quem são os chatos? — perguntou Maurício sorrindo.

— Ih, cara! Sujou nosso pedaço, agora vai ser aquela falação, já vou lhe avisando que não estou nem um pouco a fim de mudar de pedaço.

— Está bem, a escolha é sua — respondeu Maurício.

— Não vai tentar me fazer mudar de ideia? Todos fazem isso.

— Você já disse que não vai mudar, então está pronto para enfrentar o que vem por aí, não é? — perguntou Maurício.

— O que você quer dizer? Sabe de alguma coisa e não quer avisar, não é isso? Já sei, aquele cara vestido de mágico virá atrás de nós de novo, não é?

— Ele também não está podendo fazer grandes coisas. Daqui a pouco estará pronto para nos acompanhar... Agora, quem ficar... — comentou Onofre.

— Conte logo, cara. O que vai acontecer?

— Como você se chama? — perguntou Onofre.

— O que lhe interessa meu nome?

— É que quando converso com alguém gosto de chamá-lo pelo nome. Você tem um nome, não é? — perguntou Onofre.

— É Laércio.

— Muito bem, Laércio. Você já deve ter percebido que os negócios de seu companheiro estão para terminar. Então, adeus drogas e falcatruas. Sua nova morada ao lado dele vai ser a cadeia. Estamos aqui para conversar e lhe oferecer um novo mundo, uma nova vida. Esta será cheia de lutas pessoais até você conseguir sair da enrascada em que se meteu e parar de sofrer à toa. Pense na possibilidade de viver em paz e encontrar o amor de Deus. Acredite, se estamos aqui neste momento lhe oferecendo ajuda, é porque alguém o ama muito e pede por você. A escolha é sua, mas não se esqueça disso — disse Maurício.

— Lembre-se também de que seus companheiros, estes que estão ao seu lado, são seus seguidores, e você é responsável por eles. É uma dívida em sua conta pessoal. Quanto antes você aceitar resolver isso, menos débitos terá. Quanto mais demorar, mais débitos terá — falou Onofre.

— E aquele papo de se arrepender, pedir perdão e implorar clemência? Não vão me obrigar a ajoelhar e me humilhar? — perguntou Laércio.

— E de que nos serviria sua humilhação, Laércio? — questionou Maurício.

— Sei lá, é o que o povo diz que precisa fazer para mudar de lado — falou Laércio.

— O que é necessário para ter paz, meu amigo, é querer mudar, fazer melhor, caminhar em direção ao Pai, que sempre nos dá mais novas oportunidades — falou Onofre.

— Mas eu aprontei demais, não acredito que tudo será assim tão fácil! — Laércio disse receoso.

— Não gostaria de tentar e provar da benevolência de Deus? — perguntou Maurício.

— Está bem, vamos lá, pessoal — concordou Laércio.

Irmãos socorristas a quem pedimos ajuda, prontamente, encaminharam-no a um posto de socorro. Não é fantástica a lógica do bem?

18
Últimos acertos

Havia vinte e quatro horas Rebecca desaparecera e, apesar dos esforços de todos em encontrá-la, ainda não tinham notícias de seu paradeiro. Já desiludidos e incrédulos quanto a localizá-la sozinhos, Cláudio, Heitor e Sílvio se dirigiram à cidade em busca de socorro.

— Bom dia, delegado Sandro. Como já havia comentado ontem, nossa amiga Rebecca foi raptada da Casa do Senhor. Durante todo o dia e a noite de ontem percorremos toda a fazenda à sua procura, mas, infelizmente, não a encontramos. Agora, necessitamos de sua ajuda — falou Cláudio.

— Por que só formaliza a queixa agora, juiz? Nesses casos quanto antes melhor — retrucou Sandro.

— Logo depois que Rebecca sumiu, recebemos um telefonema nos dizendo que ela estava escondida em algum lugar da fazenda. Traçamos uma meta de procura e nos pusemos a caminho. Contudo, nossos esforços foram em vão — comunicou Sílvio.

— Contem direito essa história; não estou entendendo mais nada — solicitou o delegado.

Paciente e bastante minucioso, Cláudio relatou o que estava acontecendo na Casa do Senhor, inclusive o incêndio criminoso. Levantou a hipótese de serem as mesmas pessoas que raptaram Rebecca.

— Olhe, juiz, não sei de onde tirou essa ideia de rota de tráfico e tudo o mais. Na nossa cidade todos são conhecidos e bastante estimados; aqui não tem ninguém com esse perfil criminoso.

— Tem certeza, delegado? Acredita no que está nos dizendo? Não se esqueça, a polícia de entorpecentes já está na cidade, e eles não têm tempo a perder com uma comunidade tão perfeita como nos descreveu. Pense bem no que está acontecendo na região e não esqueça que existem dois jovens dentro de sua casa — falou Cláudio.

— Como o senhor sabe sobre a polícia de entorpecentes? Até agora só tiveram contato comigo e estão trabalhando em sigilo. E o que quis dizer sobre os meus filhos?

— Sou o juiz da cidade, estou a par de muitas das coisas que aqui acontecem, e devo tomar providências, uma delas é quanto ao controle de entrada de drogas na região. Quanto aos seus filhos, estão tão expostos a esse perigo como qualquer jovem. Será realmente compensador fazer vista grossa a esse tipo de comércio em troca de algumas regalias? — perguntou Cláudio.

— O senhor está dizendo que estou me deixando corromper, juiz? — perguntou o delegado.

— Quem falou foi o senhor, delegado, e não eu. Ademais, isso não vem ao caso; precisamos encontrar Rebecca com urgência — redarguiu Cláudio.

— Vou alertar o pessoal da região e as fazendas da área; acho interessante estender um pouco a distância. Por favor, Heitor, repita tudo o que falaram com você ao telefone, qualquer palavra pode ser importante — pediu o delegado.

Heitor contou sobre o telefonema ao delegado, procurando não se esquecer de nenhum detalhe. Enquanto isso, o restante do grupo continuou procurando por Rebecca.

∼

Na espiritualidade, o trabalho continuava ativo. Durante a noite, irmãos passaram a intuir os novos policiais que chegaram à cidade, aguçando a curiosidade deles em relação ao grupo de Tavares. Desconfiados, eles passaram a vigiar a casa de todos, esperando descobrir alguma coisa a respeito do carregamento de drogas. Tavares, muito esperto e também sob a proteção do mundo umbralino, foi intuído a suspeitar de estar sendo vigiado e avisou seus comparsas para adiarem a retirada da droga do esconderijo.

Um grupo de amigos do posto de socorro passou a trabalhar com os amigos presos aos traficantes, minando a força que estavam recebendo de criaturas do umbral. E como todo mal não tem raízes fortes, pois não é baseado na fidelidade de sentimentos e no respeito mútuo, logo o grupo de Tavares foi abandonado à própria sorte e muitos dos que ali estavam a serviço de equipes especializadas em obsessão, aceitaram a ajuda que lhes foi oferecida. Cheios de novas esperanças, partiram para uma nova vida.

Naquela noite, Tavares, enfraquecido e abandonado por seus companheiros, sentiu insegurança e atribuiu tal sentimento à necessidade de retirar a droga da cidade.

— Souza, não quero saber como vai ser feito, mas a droga tem de ser mudada de lugar, ou melhor, entre em contato com os compradores e diga que vamos entregar hoje mesmo, lá no velho paiol da fazenda Sororó. Marque para a madrugada, na primeira hora. Agora, vou ao terreiro fazer umas oferendas para dar tudo certo — disse Tavares.

No terreiro, ele, generoso, ofereceu uma grande quantia em dinheiro ao presidente da casa em troca de proteção. Ardiloso e ambicioso, o "trabalhador da casa" omitiu de Tavares o real estado espiritual em que ele estava, e, ao contrário, tranquilizou-o, dizendo que as entidades trabalhadoras da casa estariam protegendo-o naquele dia. Logo após a saída de Tavares, o presidente comentou com a esposa:

— O infeliz está perdido; ninguém mais quer trabalhar para ele, o povo do outro lado já tomou conta da situação. Ele vai dançar feio esta noite, ainda bem que trouxe mais algum para nós.

Triste realidade desses seres que se apegam ao mal para tentar o "crescimento" material neste planeta, pois não sabem que estão sozinhos. Assim que a necessidade bater à porta serão abandonados à própria sorte, pois nada mais têm a oferecer. Ao contrário daquele que se presta a atender com amor, fraternidade, caridade e humildade aos necessitados, dirigindo sua vida de maneira branda e honesta, sempre tendo em vista o crescimento verdadeiro, aquele que eleva o espírito cada vez mais para perto de Deus.

Naquela madrugada, o velho paiol onde a droga estava escondida foi cercado pela polícia e todos foram presos em flagrante delito e julgados pela sociedade, pagando a dívida acarretada pelos próprios atos.

Mais tarde, na casa de Tavares, foi encontrado, gravado em seu computador, o nome das pessoas que se prestaram a encobrir os meliantes. Ligado a seus nomes estava o valor que receberam para se esquecer da própria honradez.

Muitas famílias sofreram as consequências dos atos de seus familiares, marginalizados pela sociedade local, e se viram obrigadas a enfrentar a omissão e a reavaliar sua própria postura perante a vida.

Na Casa do Senhor, mais um dia se passou e Rebecca continuava desaparecida.

— Heitor, tente mais uma vez entrar em contato com Rebecca pelo pensamento — pediu Sílvio.

— Já tentei. A cada minuto, desde o dia em que ela desapareceu, eu faço isso, mas é como se tivesse uma venda cobrindo meus olhos e, por mais que tente ouvir sua voz, não consigo. Na realidade, sinto até medo de falar disso, mas não consigo nem lembrar do tom de sua voz — contou Heitor.

— Muito bem, tenho uma ideia. Vamos à sala de estudos ler o Evangelho e pedir ajuda aos nossos mentores para que o ajudem a se firmar e se concentrar. Se houver alguma interferência, tenho certeza de que seremos auxiliados — falou Júlia.

O grupo se dirigiu à sala de estudos e Sônia iniciou a reunião, fazendo pequena prece e lendo um trecho de *O Evangelho Segundo o Espiritismo*[7].

> *A fé é o sentimento que nasce com o homem sobre o seu destino futuro. É a consciência que ele tem das suas imensas capacidades, cujo germe foi nele depositado, a princípio adormecido, e que lhe cumpre no tempo fazer germinar e crescer por força de sua vontade ativa.*
>
> *Até o presente, a fé foi apenas compreendida em seu sentido religioso, porque o Cristo a revelou como uma poderosa alavanca, mas, apenas viram Nele um chefe de uma religião. O Cristo, que realizou milagres verdadeiros, mostrou, por esses mesmos milagres, o quanto pode o homem quando tem fé, ou seja, quando tem a vontade de querer, e a certeza de que essa vontade pode se realizar. Os apóstolos, tal como Ele, também não fizeram milagres? E, o que eram esses milagres senão efeitos naturais, cuja causa era desconhecida dos homens de então, mas que hoje, em grande parte se expli-*

---

7. KARDEC, Allan. *O Evangelho Segundo o Espiritismo*. Capítulo 19, item 12 (N.M.).

cam e se compreendem completamente pelo estudo do Espiritismo e do Magnetismo?

A fé é humana ou divina, conforme o homem aplica suas capacidades em relação às necessidades terrenas ou aos seus anseios celestes e futuros. O homem de muita inteligência, o gênio que persegue a realização de algum grande empreendimento triunfa se tem fé, pois sente que pode e deve atingir sua meta, e essa certeza lhe dá uma imensa força. O homem de bem que, acreditando no seu futuro celeste, quer preencher sua vida com nobres e belas ações, tira de sua fé, na certeza da felicidade que o espera, a força necessária, e aí, então, se realizam os milagres de caridade, de devotamento e de renúncia. Enfim, com a fé, não há tendências más que não possam ser vencidas.

O Magnetismo é uma das maiores provas do poder da fé colocada em ação. É pela fé que ele cura e produz esses fenômenos que antigamente eram qualificados como milagres.

Eu repito: a fé é humana e divina. Se todos os encarnados estivessem cientes da força que trazem em si mesmos e se quisessem pôr sua vontade a serviço desta força seriam capazes de realizar o que, até agora, chamamos de prodígios, e que não passam de um desenvolvimento dos dons e capacidades humanas.

— Este texto nos fala sobre acreditarmos com fé, que é a mola propulsora de nosso crescimento, de nossa libertação. Hoje estamos necessitados do auxílio dos trabalhadores do Senhor, para que possamos ajudar nossa amiga Rebecca e encontrá-la para trazê-la novamente para junto de nosso convívio. Devemos acreditar com toda a força de nossa fé e esperança que ela está bem, que, no momento oportuno, saberemos como resgatá-la. Vamos orar e pedir ao nosso Mestre Jesus que conduza nosso trabalho e, se for do merecimento de todos, que Heitor possa entrar em contato com ela e trazer alento para nossa mente cheia de preocupação — completou Sílvio.

Todos ficaram em silêncio. Heitor, cheio de esperança, pensou na amiga com muita saudade. Em desdobramento, caminhou pelo campo, chegou a uma velha casa em ruínas, olhou para o chão de onde saía um tubo escondido pelo mato, abaixou e chamou por Rebecca. Foi tomado de imensa emoção ao sentir a presença da amiga. Heitor abriu os olhos e, chorando copiosamente, informou aos amigos sua percepção.

Sílvio agradeceu a ajuda recebida e encerrou a reunião. Reunidos na cozinha, eles trocaram impressões sobre a informação dada por Heitor.

— Senhor Antônio, é uma pequena casa de colono, sem teto, com as janelas e portas quebradas e corroídas pelo tempo. Ao lado tem uma mangueira carregada de frutos. Atrás, um poço e o tubo fincado no chão. Tenho certeza de que Rebecca está lá — informou Heitor.

— Espere um pouco, tem uma casa assim no fim do cafezal. Zezé, você se lembra da casinha do Tião, que pegou fogo por causa de uma vela? É exatamente igual ao que o Heitor descreveu — falou Antônio.

— O que estamos esperando? Vamos logo para lá — pediu Heitor.

— Esperem, temos de levar algumas ferramentas. Se Rebecca realmente estiver enterrada nesse buraco, teremos de cavar para tirá-la — disse Celina.

Todos se prepararam e se dirigiram ao local que Heitor descrevera. Chegando lá, ansiosos, saltaram do carro e passaram a procurar o tubo; logo o encontraram.

— Heitor, tente chamar Rebecca enquanto tentamos descobrir como fazer para tirá-la daí — falou Sílvio.

— Rebecca, é Heitor. Você me ouve, meu bem? Se não puder falar não se esforce, vamos tirá-la daí — Heitor conversava com Rebecca tentando lhe passar força e esperança.

Os bombeiros, alertados por Maria José, logo chegaram ao local e passaram a trabalhar para libertá-la. Descobriram uma grande caixa de madeira enterrada, ligada ao tubo que ficava exposto e fornecia ar. Vagarosamente, para não colocar em risco a vida de Rebecca, cavaram e, finalmente, conseguiram espaço suficiente para abrir um buraco na caixa de madeira.

O corpo de Rebecca foi retirado inerte de dentro daquele túmulo. Heitor, desesperado, abraçou-a e chorou, chamando seu nome. Procurava se controlar e agir como médico. Logo estava examinando a jovem, que, bastante suja e machucada, mostrava grande palidez.

— Ela está viva, graças a Deus. Está muito fraca, precisamos colocá-la na ambulância. Sílvio, ajude-me a limpá-la e colocar o soro — pediu Heitor, bastante ansioso.

Depois dos primeiros socorros, Rebecca foi transportada para o hospital. Lá, recebeu o atendimento necessário, porém continuou inconsciente. À sua volta, uma equipe médica de desencarnados trabalhava em conjunto com a equipe de médicos encarnados, enquanto seu espírito estava livre e trabalhando para sua libertação.

19
Quem é você?

Rebecca observava os acontecimentos no hospital, enquanto amigos espirituais se aproximaram dela.

— Tudo bem, Rebecca? — perguntei.

— Sinto-me bem, mas ainda não desencarnei, não é? Vejo o cordão prateado que me liga ao corpo — respondeu Rebecca.

— Ainda não é chegada sua hora, mas tem a oportunidade de encerrar difícil contenda que se arrasta há muitos séculos. Está pronta? — questionou Onofre.

— Posso me mover daqui para encontrar com o mago? Será que não poderia contar com a presença de Demétrius para me amparar?

— Você não acreditou que perderia a chance de ver resolvidos tantos sofrimentos, não é minha, amiga? Estes são bons amigos da espiritualidade que muito nos têm ajudado: Maurício, Onofre, Márcia e Sérgio. O grupo é bem maior, mas está em outros afazeres. Há alguns dias, eles foram buscá-la para levá-la a um hospital na espiritualidade. Você não se lembra? — inquiriu Demétrius.

— Ah! Agora me lembro, mas às vezes ainda acho as coisas um pouco confusas. Acabei de recordar boa parte de minha vida atual e outras passagens de outras vidas. Paciência... preciso coordenar meus pensamentos para entender tantas informações recebidas. Que alegria poder contar com você, Demétrius — respondeu Rebecca.

— Vamos lá? — perguntou Márcia.

Todos se dirigiram à Casa do Senhor, mais precisamente à biblioteca. O mago continuava lá, agachado, inerte em sua própria dor, imóvel e sem vontade de reagir ao desânimo. Devagar, ergueu os olhos e encontrou Rebecca, que o observava com grande compaixão.

— Não me olhe assim; sinto vergonha de minha aparência.

— Não se envergonhe de sua dor, ela é benéfica porque o faz repensar seus atos.

— Você ainda não sabe quem sou, por essa razão conversa comigo com tanta bondade.

— Não gostaria de me fazer lembrar? Quero muito saber seu nome.

— Quando se lembrar de nossos dissabores, não mais me olhará com bondade.

— Uma parte eu já sei, meu amigo. Se lhe fiz algo que causou tanta ira e mágoa, humildemente lhe peço seu perdão — disse Rebecca, ajoelhando--se à sua frente.

— Levante-se daí, nada tenho a perdoar-lhe; você apenas me rejeitou em favor de outro. E minha alma, doente de ciúmes e inveja, não aceitou perdê-la para outro.

— Então, perdoe a si mesmo e, em nome desse amor, levante-se e reconstrua sua vida. Dê-me sua mão — pediu Rebecca, estendendo as mãos para ele, que apenas a olhou com grossas lágrimas lhe escorrendo dos olhos.

— Espere, deixe-me contar o que realmente fiz... depois, vai me dizer se sou digno de seu perdão. Era muito jovem, filho de um rei, mimado em meu querer e nunca havia ouvido um não. Dizer-me um não significava morte certa. Eu, Frederico, meu irmão, e você, minha doce Rafaela, crescemos juntos. Aos dezessete anos fui chamado por meu pai e informado estar em idade de matrimônio. Ele me consultou sobre a possibilidade de desposá-la. Eu já tinha como certa a ideia de tê-la como esposa, sem nunca ter questionado seus sentimentos, por esse motivo, afirmei ao meu pai ser certo nosso matrimônio.

Contudo, Frederico se adiantou e, sem que eu soubesse, já estava tendo um romance com você. Logo, tudo se consumou. Inconformado com o relacionamento de vocês, corroído pelo ciúme e pela inveja, arquitetei um plano para matar meu irmão. No verão íamos caçar, ficávamos hospedados em uma cabana de madeira no meio da floresta. Combinei de me encontrar com ele no dia seguinte. Reuni meus homens e na calada da noite incendiamos a cabana. Senti ódio ao saber que você fora com ele, levando dentro de seu ventre uma criança em formação. Ódio cruel e atroz tomou conta de meu coração. Culpei Frederico pela desgraça e passei a estudar as forças ocultas e negras para persegui-lo. Mandei matar toda sua família, pois não queria nada nem ninguém perto de mim que pudesse lembrar-me de você. Aliei-me aos fantasmas perdidos do mundo. Desencarnei e descobri como fazer para continuar minha perseguição. Soube que você iria reencarnar e, de acordo com as forças do mal, ocupei um corpo e novamente a persegui. Desencarnei e me dei conta de como era mais fácil conseguir o que queria daqui mesmo. A partir daí, por mais que você fizesse para se esconder, eu a encontrava e provocava sua morte.

— Qual é o seu nome, meu amigo? — perguntou Rebecca.

— De qual traidor quer conhecer o nome?

— Hoje você já não é mais um traidor. Olhe seu coração chorando por seus próprios atos! Você começa a caminhar para um novo dia, um recomeço melhor; teve sua chance de resgatar seus erros e passou a aproveitá-la. Já não é mais uma criatura odiosa e arraigada ao mal; é um irmão necessitado de ajuda e muito amor. Dê-me sua mão, erga-se desse chão úmido e sujo. Levante a cabeça! Você é belo, é filho de um Pai amoroso, que o quer ao seu lado. O seu nome não importa, o que importa é que não é mais o mago, deixou de ser algo que provoca pavor e desconforto para ser um caminhante do Senhor.

— Chame-me de Fabrício. Vá, minha Rafaela, viva em paz. Vou acompanhar seus amigos e procurar deixá-la em paz para que possa ser feliz.

Com uma reverência, ele se dirigiu para Demétrius e falou entre lágrimas:

— Você me acompanha, meu pai?

— Graças a Deus, meu filho. Vamos, temos muito a fazer.

Sorridente, Demétrius olhou para Rebecca e falou feliz:

— Volte e viva em paz. Você lutou por isso.

— Demétrius, vou me lembrar do que aconteceu?

— Como um sonho, Rebecca. Como a bênção de nosso Pai, que nos dá o esquecimento provisório para caminharmos com mais segurança pela vida de encarnados.

Demétrius foi embora levando o afeto de muito tempo ao caminho do bem.

Rebecca, ajudada pela equipe espiritual, foi encaminhada ao hospital e despertou, para a alegria de todos os amigos.

Vários dias se passaram até que ela foi liberada pelos médicos. Amigos fiéis a esperavam com ansiedade e muito amor.

— Heitor, ainda estou confusa; muitas vezes, não sei o que é real ou delírio... ou sonho.

— Diga-me o que a perturba.

— Você se lembra de termos recordações de uma vida em que vivíamos aqui na Casa do Senhor e éramos amigos?

— Algumas coisas que aconteceram durante esse tempo confirmam sonhos que você teve a esse respeito. Quanto a mim, suas impressões sempre calaram fundo em meu coração.

— Como descobrimos a biblioteca? Isso está confuso.

— Por intuição sua. Durante duas noites exploramos a casa e acabamos no porão.

— Você me pediu em casamento?

— Pedi, quando fomos explorar os corredores secretos escondidos dos outros. Ah! E o melhor é que você aceitou.

— Que alívio! E o incêndio do alojamento?

— É real.

— A *overdose* do Saulo?

— Tudo isso é real. Não chegou a ser uma *overdose*; ele apenas estava muito debilitado, usou uma quantidade de drogas acima do "normal", se podemos usar a palavra "normal" para as drogas, e ficou um bom tempo desacordado.

— Como conhecemos Sílvio?

— Pela Júlia, que é nossa advogada, que já nos havia convidado a participar do grupo. Quando você começou a ter aqueles sonhos, nós o procuramos como profissional.

— Nossa, que confusão. Acho que preciso reescrever minha vida e depois ler para pôr minhas recordações no lugar.

— Você sofreu uma violência muito grande, Rebecca. Bateram muito em sua cabeça, causando um traumatismo craniano. Você ficou enterrada naquele buraco por mais de 80 horas. Temos de agradecer a Deus por estar viva, o resto encaixamos no lugar aos poucos. Ademais quem sabe o que realmente é real? Tudo o que você viveu pode ter sido uma grande ajuda de grandes amigos. A propósito, vamos marcar a data do nosso casamento? Preciso amarrá-la para que não apronte outra e me deixe maluco. Você sabe que não saberia viver sem você! Eu a amo muito.

— Também o amo, e não vejo minha vida sem a sua presença tão querida.

Heitor a abraçou com carinho e os dois entraram na Casa do Senhor para serem recebidos por amigos encarnados e desencarnados, que comemoravam o retorno da paz.

O que é sonho, o que é realidade?

O que importa na verdade?

20
A Casa do Senhor

Existe uma frase muito usada pelos habitantes do planeta: "Quem tem Deus a seu favor, quem poderá ser contra?".

A bondade de nosso Pai nos amparando, colocando à nossa disposição um sem-número de trabalhadores, o esplendor de Sua luz iluminando o pior da escuridão, a força de sua paz enchendo de júbilo nosso coração, é no mínimo fantástico.

A história de nossos amigos da Casa do Senhor nos mostra que podemos vencer qualquer obstáculo, desde que tenhamos firme propósito de superar nossas limitações, olhar para o caminho que nos leva à vida, com todas as escolhas e consequências, mas, principalmente, a honradez e a responsabilidade de sermos fiéis aos nossos propósitos. Crescer e

tornar esse caminho iluminado é fazer com que
nossa luz clareie com o nosso amor, a escuridão de
nossos amigos infelizes.

~

Cinco anos se passaram. Naquele dia, muito
especial, Antônio e Maria José passaram a escritura da propriedade para o Grupo Espírita Casa do
Senhor, que abrigava 178 internos em tratamento e
recuperação de vícios.

Na entrada da fazenda foi construída uma
escola que atendia crianças em período integral,
na faixa etária de 0 a 14 anos. A elas era oferecida
a escola terrena, a espiritual e refeições saudáveis,
sempre supervisionadas por Maria José. Todos
eram compromissados com a casa e com o trabalho
voluntário.

Antônio tinha a seu encargo vários jovens e
adultos que aprendiam o ofício de marceneiro. Maria José comandava e ensinava, com as amigas, as
técnicas de costura, os bordados, o tricô e o crochê.

Cléber tinha seu consultório dentário montado
anexo ao hospital e era um dos instrutores mais
queridos daqueles jovens em recuperação.

Celina ficou responsável pela escola local e
coordenava o estudo dos internos, desenvolvendo
nos mestres que ali trabalhavam o gosto pelo ensino

e lhes mostrando que era trabalhando e tratando os alunos com respeito e amor, que tudo tornava-se compensador. Ela e Cléber eram pais de três lindas crianças: Renata, de quatro anos; Cássio, de três anos e Fátima, de um ano.

Irina e Armando eram pais de duas lindas crianças: Sandra, de cinco anos e Roberto, de dois. Ambos construíram a cooperativa local e davam aulas a jovens e adultos, que os procuravam para aprimorar métodos de plantio e criação de animais. Desenvolveram técnicas e resgataram outras para o cultivo sem agrotóxicos e a criação de animais sem rações carregadas de hormônios.

Sílvio ficou na coordenação do programa de apoio psicológico aos internos e desenvolveu várias campanhas contra as drogas. Júlia continuou tratando da parte administrativa e jurídica da Casa do Senhor. Com certeza, sem a sua disciplina nada seria possível. E o casal aguardava o nascimento do primeiro filho.

Flávio e Sílvia, de acordo com a proposta inicial, montaram uma empresa que produzia pratos de sabor fantástico e qualidade indiscutível. Por meio de técnicas primorosas, formaram grandes profissionais da alimentação. Tinham dois lindos bebês gêmeos: Rodrigo e Rogério, com dois anos.

Filipe trabalhava no tratamento fisioterápico dos necessitados e era responsável pelo treinamento físico de todos os moradores da Casa do Senhor. Era muito bonito vê-lo caminhando pelas terras, subindo morros, comentando sobre o prodígio da natureza com uma bela turma de crianças atrás. Era companheiro constante de Sílvio em suas campanhas contra as drogas.

Sônia estava sempre presente e dividia com Celina as responsabilidades da educação oferecida na Casa do Senhor.

Sônia e Filipe descobriram que não podiam ter filhos. Na época, uma adolescente interna e já em estado crítico de saúde, vitimada pelas drogas, faleceu ao dar à luz uma linda menina. Apesar de todas as complicações que iriam enfrentar por assumir uma criança vinda de uma mãe viciada, ambos se apaixonaram por Rosa e adotaram-na. Enfrentaram com muito amor a dependência química daquela criança, mas com cuidados médicos e espirituais constantes, Rosa transformou-se numa flor, da qual todos aspiram o perfume; tinha um sorriso que encantava e afagava o coração de todos.

Irani e João se mudaram definitivamente para a Casa do Senhor. Tornaram-se avós e os filhos estavam sempre presentes naquele local; eram visitantes amados e constantes. Graças a Deus, Renato terminara o ensino médio e pretendia estudar Medicina.

Os primeiros internos estavam recuperados e eram caminhantes da vida do Senhor. Pedro perma-

SÓ O AMOR PODE VENCER **245**

neceu como trabalhador na Casa; estudou Filosofia e se tornou grande pensador. Saulo morava com os pais, inclusive os ajudava, levando-os a conhecer a Doutrina Espírita.

Heitor e outros voluntários tinham o encargo do pequeno hospital, onde eram atendidas pessoas carentes da região.

Rebecca trabalhava ao lado de Sílvio no atendimento aos internos. Ela e Heitor ficaram responsáveis pela organização dos trabalhos do Centro Espírita da Casa do Senhor, que muito alento levava àquela região.

Ambos se casaram havia cinco anos. E ela iria lhe contar que estava grávida. Era um dia muito especial.

Um grupo de amigos, unidos e trabalhando pela mesma causa, atingiram seus objetivos com seriedade e muita fé.

É com histórias como essas que nosso Pai nos brinda, para que possamos engrandecer nossa vida.

Com caridade, união, fé, fraternidade e muito trabalho nós vamos conseguir!

Vamos lá, meus amigos!

MAURÍCIO
29 DE AGOSTO DE 1999

Livros da médium Eliane Macarini

Resgate na Cidade das Sombras

Virginia é casada com Samuel e tem três filhos: Sara, Sophia e Jú
O cenário tem tudo para ser o de uma família feliz, não fossem o
temperamento e as oscilações de humor de Virginia, uma mulher
egoísta que desconhece sentimentos como harmonia, bondade e a
e que provoca conflitos e mais conflitos dentro de sua própria cas

Obsessão e Perdão

Não há mal que dure para sempre. E tudo fica mais fácil quando
esquecemos as ofensas e exercitamos o perdão.

Aldeia da Escuridão

Ele era o chefe da Aldeia da Escuridão. Mas o verdadeiro amor v
qualquer desejo de vingança do mais duro coração.

Comunidade Educacional das Trevas

Nunca se viu antes uma degradação tão grande do setor da Educ
no Brasil. A situação deprimente é reflexo da atuação de espíritos
inferiores escravizados e treinados na Comunidade Educacional
Trevas, região especializada em criar perturbações na área escolar
visando sobretudo desvirtuar jovens ainda sem a devida força int
para rechaçar o mal.

Amazonas da Noite

Uma família é alvo de um grande processo obsessivo das Amazo
da Noite, uma falange de espíritos comandada pela líder Pentesi
Elas habitam uma cidadela nas zonas inferiores e têm como insp
as amazonas guerreiras de tempos remotos na Grécia.

Vidas em Jogo

Nesta obra, a catastrófica queda de jovens no mundo dos vícios
torpezas até a ascensão, que liberta e dignifica a própria existênci
lição de vida, que toca fundo no coração.

Berço de Luz

Rachel vive vários conflitos agravados pelo descontrole do pai, C
um homem que se embriaga com frequência e a maltrata. Inês,
é totalmente submissa ao marido autoritário. Esta obra nos mos
a vida é um constante renascer, um processo contínuo de melho
evolução. Muitas vezes pelo sofrimento. Mas a dor é uma amiga
passageira, aceitemos as dificuldades e logo um novo dia irá brill
mais bonito, mais radiante e mais feliz!

Leia os romances de Schellida!
Emoção e ensinamento em cada página!
Psicografia de Eliana Machado Coelho

CORAÇÕES SEM DESTINO – Amor ou ilusão? Rubens, Humberto e Lívia tiveram que descobrir a resposta por intermédio de resgates sofridos, mas felizes ao final.

O BRILHO DA VERDADE – Samara viveu meio século no Umbral passando por experiências terríveis. Esgotada, e depois de muito estudo, Samara acredita-se preparada para reencarnar.

UM DIÁRIO NO TEMPO – A ditadura militar não manchou apenas a História do Brasil. Ela interferiu no destino de corações apaixonados.

DESPERTAR PARA A VIDA – Um acidente acontece e Márcia passa a ser envolvida pelo espírito Jonas, um desafeto que inicia um processo de obsessão contra ela.

O DIREITO DE SER FELIZ – Fernando e Regina apaixonam-se. Ele, de família rica. Ela, de classe média, jovem sensível e espírita. Mas o destino começa a pregar suas peças...

SEM REGRAS PARA AMAR – Gilda é uma mulher rica, casada com o empresário Adalberto. Arrogante, prepotente e orgulhosa, sempre consegue o que quer graças ao poder de sua posição social. Mas a vida dá muitas voltas.

UM MOTIVO PARA VIVER – O drama de Raquel começa aos nove anos, quando então passou a sofrer os assédios de Ladislau, um homem sem escrúpulos, mas dissimulado e gozando de boa reputação na cidade.

O RETORNO – Uma história de amor começa em 1888, na Inglaterra. Mas é no Brasil atual que esse sentimento puro irá se concretizar para a harmonização de todos aqueles que necessitam resgatar suas dívidas.

FORÇA PARA RECOMEÇAR – Sérgio e Débora se conhecem e nasce um grande amor entre eles. Mas encarnados e obsessores desaprovam essa união.

LIÇÕES QUE A VIDA OFERECE – Rafael é um jovem engenheiro e possui dois irmãos: Caio e Jorge. Filhos do milionário Paulo, dono de uma grande construtora, e de dona Augusta, os três sofrem de um mesmo mal: a indiferença e o descaso dos pais, apesar da riqueza e da vida abastada.

PONTE DAS LEMBRANÇAS – Ricos, felizes e desfrutando de alta posição social, duas grandes amigas, Belinda e Maria Cândida, reencontram-se e revigoram a amizade que parecia perdida no tempo.

MAIS FORTE DO QUE NUNCA – A vida ensina uma família a ser mais tolerante com a diversidade.

MOVIDA PELA AMBIÇÃO – Vitória deixou para trás um grande amor e foi em busca da fortuna. O que realmente importa na vida? O que é a verdadeira felicidade?

MINHA IMAGEM – Diogo e Felipe são irmãos gêmeos. Iguais em tudo. Até na disputa pelo amor de Vanessa. Quem vai vencer essa batalha de fortes sentimentos?